書山有路勤為徑
學海無涯苦作舟

書山有路勤為徑
學海無涯苦作舟

品味佛家智慧

一花一世界，
一葉一菩提

佛家的智慧是站在人生之外，
用超人的眼光識別人世間的種種假像，
揭示出人生悲劇性的根源，
把人的靈魂引入一個纖塵不染、
像蓮花一樣潔淨的清涼世界——**涅槃世界**。

蘇樹華——著

作者簡介：

蘇樹華，男，1961年生人，山東梁山縣人，曲阜師範大學副教授，2003畢業於南京大學，獲哲學博士學位，主要研究方向，中國佛教哲學，中國教育哲學。師從賴永海先生。2005年，被南昌大學聘為教授、江右哲學研究中心研究員。2005年，台灣南華大學聘為客座教授。2007年9月至2008年8月，赴韓國首爾大學做訪問學者。發表論文20餘篇，出版《洪州禪》（宗教文化出版社）、《中國佛學各宗要義》（中華書局）、《釋禪波羅蜜次第法門譯釋》（宗教文化出版社）、《悟心歸元》（宗教文化出版社）、《大話佛家智慧》（齊魯書社）等八部專著。

目 contents 錄

目 contents 錄

目 contents 錄

第一章　打開佛門

摩訶般若波羅蜜多心經

觀自在菩薩，行深般若波羅蜜多時，照見五蘊皆空，度一切苦厄。舍利子！色不異空，空不異色；色即是空，空即是色；受想行識，亦復如是。舍利子！是諸法空相，不生不滅，不垢不淨，不增不減。是故空中無色，無受、想、行、識，無眼、耳、鼻、舌、身、意，無色、聲、香、味、觸、法，無眼界，乃至無意識界；無無明，亦無無明盡；乃至無老死，亦無老死盡；無苦、集、滅、道，無智亦無得。以無所得故。菩提薩埵，依般若波羅蜜多故；心無罣礙，無罣礙故；無有恐怖，遠離一切顛倒夢想，究竟涅槃。三世諸佛，依般若波羅蜜多故，得阿耨多羅三藐三菩提。故知般若波羅蜜多，是大神咒，是大明咒，是無上咒，是無等等咒，能除一切苦，真實不虛。故說般若波羅蜜多咒，即說咒曰：「揭諦揭諦，波羅揭諦，波羅僧揭諦，菩提薩婆訶。」

佛教都說些什麼？

從佛教文化的本質上來講，佛教並不是「阿公阿婆」那個意義上的宗教迷信，而是返觀自鑑、自我修養的一門學問。所謂返觀自鑑，就是回轉過來，認清自己的「本來面目」。這個「本來面目」，就是「真實的自己」，也叫做「覺悟的彼岸」。正是因為這個「覺悟的彼岸」，需要回轉過來，才能認識得清楚，所以，佛教裡說「回頭是岸」。這也就是說，回過頭來，認清這個「真實的自我」，就是佛教裡所說的「覺悟的彼岸」。在佛教看來，覺悟的彼岸，並不在遙遠的地方，而是在每個人的當下。

在大多數人眼裡，佛教只不過是「求求」「拜拜」的迷信行為。這樣看待佛教的人，只看到了佛教文化的表面形式，而沒有看到佛教文化的「故事裡面的故事」。在大多數人看來，在佛教文化所說的那個世界裡，既有受苦受難的云云眾生，也有智慧超然的諸佛菩薩。既有痛苦不堪的此岸世界，也有清淨莊嚴的彼岸世界。既有溝通此岸世界與彼岸世界的方法，也有修行成佛的內在要素。從表面形式上來看，佛教文化不過如此。

佛教文化真是這樣簡單嗎？如果是這樣簡單的話，那麼，佛教文化為什麼折服了那麼多的仁人志士呢？為什麼給中國文化帶來了那麼深刻的影響呢？漢代末期，佛教文化傳到了中國。從那時起，佛教文化就深刻地影響著中國的仁人志士，因此，也影響著儒家文化與道家文化，使儒家文化與道家文化發生了一個文化質變。佛教文化的傳入，使比較拘謹的儒家文化，也具有了超然的特徵，因此而產生了宋明理學。佛教文化的傳入，使著相修煉的道教文化，也具有了心性論的特徵。由於佛教文化的影響，我國的文學、藝術，哲學、民俗等等，也都上升到了一個比較高的境界。由此可見，佛教文化是有著深刻的人文內涵與高遠的人生境界的。

就本質上來說，佛教文化是關於我們的心靈世界的文化。就像古代名著《西遊記》，它既有著通俗易懂的表面意思，又有深奧玄妙的人文內涵。如果人們能夠藉助於佛教文化的宗教形式，達到了自我認識、自我修養的目的，達到了提升人生境界的目的，這樣，也就實現了佛教文化的目的。離開了人的心性修養，佛教更無其他目的。

從本質上來講，佛教文化不是向外追尋的，而是返觀自鑑的。佛教裡說「大地眾生，皆有如來智慧德相」，與諸佛菩薩沒有什麼兩樣。這也就是說，人人都有一顆「本來清淨的心」。這顆「本來清淨的心」，就是我們的「本來面目」，就是我們的「如來智慧德相」，就是我們的「主人公」。佛教文化的真正目的，就是要讓我們認識這個「主人公」——認清我們自己。

我們的這個「主人公」，它是恆常存在的，它不會隨著某一現象的產生而產生，也不會隨著某一現象的消失而消失。譬如，我們的念頭是生生滅滅的，然而，我們的能夠生出念頭的那個「心」，它既不會隨著前一個念頭的過去而過去，也不會隨著後一個念頭的生起而生起。我們當下的每一個念頭都是生滅的，都會成為過去，我們即使想把它留住，那也是留不住的。然而，我們的這個能夠生出念頭的「心」，卻是不會過去的，我們即使想使它成為過去，也是不能成為過去的。相對於生生滅滅的念頭來說，那個能夠生出各種念頭的「無相心體」，它卻是恆常不滅的。

我們的生生滅滅的念頭，都是我們的無相心體而生出來的，所以佛教裡說，自性（無相心體）能生萬法，自性是萬法之本源。這個能生萬法的「自性」，就是佛教裡所說的「佛」。離開我們的心性，那是沒有佛的。所以佛教裡說，「即心即佛，離此心外，更無別佛。」這句話的意思是什麼呢？這句話的意思是說，心就是佛，佛就是心，離開了這個「心」（本體論意義上的「心」），就沒有佛。我們要想求佛，就應該回過頭來，向自心求。我們要想見佛，就應該回過頭來，向自心見。見到了佛，就是證悟了自心。

人人都有這個「心」，可是，又有誰能夠識得這個「心」呢？所以儒家說：「百姓日用而不知」。也就是說，人們時刻時刻都在運用這個「心」，然而，我們卻不曾識得它。

佛教的最終目的，並不是要我們向外求佛，而是讓我們如實地識得自心，如實地認識自我。可是，佛教裡所說的這個「心」，到底又是指什麼呢？它既不是指我們的「肉團心」，也不是人們的「思想觀念」，而是指人們的無相心體。

誰能說出自心的形相呢？它到底是大的？還是小的？它到底是方的？還是圓的？它到底是青的？還是黃的？它沒有任何形相，所以，就叫做無相心體。我們的心理現象，以及我們面對著的客觀現象，都是有形相的，都是可以被我們以物件化的方式所覺察到的。我們能夠以物件化的方式覺察到種種客觀現象，譬如我們能夠看到種種色相，我們能夠領略種種聲音等等。我們也能以物件化的方式覺察到種種主觀想像，譬如我們能夠知道我們的思想、情緒、意向等等。然而，我們卻不能以物件化的方式覺察到我們的「心」。我們的耳朵，聽不到我們的「心」。我們的鼻子，也嗅不到我們的「心」。我們的舌頭，也嘗不到我們的「心」。我們的手，也摸不到我們的「心」，乃至於我們的思想，也想不到我們的「心」。我們為什麼不能以物件化的方式覺察到我們的「心」呢？這是因為，我們的「心」是「無有形相」的，是不可以眼見、耳聞的。雖然我們不能以物件化的方式覺察到我們的「心」，然而，我們的「心」卻是一個真實的存在。若不然的話，這個「見聞覺知、起心動念」的又是什麼呢？臨濟禪師說：大德，覓什麼物？現今目前聽法的無依道人，歷歷地分明，未曾欠少。爾若欲得與祖佛不別，但如是見，不用疑誤。

人人都有這個無相心體——聽法的無依道人，然而，人們卻未曾體證到它。我們錯誤地把六塵緣影——心理現象當成了「心」。其實，我們的心理現象，只是「心」的現象，不是「本源真性」這個意義上的「心」。為什麼這樣說呢？這是因為，我們的心理現象是生滅的，而我們的無相心體是不生不滅的。譬如，我們歡喜的時候，就不會有煩惱。同樣，我們煩惱的時候，也不會有歡喜。歡喜與煩惱，這兩種心理現象是交替出現的，也是「此生彼滅，彼生此滅」的。我們

曬大佛

的其它的心理現象，也都是這樣生生滅滅的。然而，我們的「本源真性」這個意義上的「心」，卻是不生不滅的。我們的歡喜，是這個本源真性而生出來的，即使我們的煩惱，也是這個本源真性生而出來的。我們的善念是這個本源真性而生出來的，即使我們的惡念，也是這個本源真性而生出來的。也可以說，我們的一切心理現象，都是這個本源真性而生出來的。乃至於每一個人那個意義上的山河大地、草木叢林，等等，也都是這個本源真性而生出來的。

我們再來看看這個「不生不滅的無相心體」，它既不會隨著歡喜的生滅而生滅，也不會隨著煩惱的生滅而生滅。它既不會隨著善念的生滅而生滅，也不會隨著惡念的生滅而生滅。甚至可以說，我們的無相心體，也不會隨著客觀現象的生滅而生滅。我們的無相心體，它能夠生出各種心理現象，而又不隨著各種心理現象而生滅。我們的無相心體，它能夠照見（眼見、耳聞、鼻嗅、舌嘗、身觸、意思）各種客觀現象，而又不隨著各種客觀現象而生滅。我們人人都有這個「無相心體」，不但釋迦牟尼有這個「無相心體」，大地眾生也都有這個「無相心體」。釋迦牟尼的這個「無相心體」，不比眾生多一點。大地眾生的這個「無相心體」，也不比釋迦牟尼少一點。本源真性這個意義上的「心」，它是在聖不增，在凡不滅的，它是人人皆同、人人平等的。

我們人人都有這個無相心體，若不然的話，這個見色聞聲的又是什麼呢？這個起心動念的又是什麼呢？這個見色聞聲、起心動念的，正是我們的無相心體。我們人人都有這個「心」，然而，我們卻不曾如實地體證到它，所以佛教裡說：「夜夜抱佛眠，朝朝還共起。起坐鎮相隨，如身影相似。」即使儒家，也是這樣說的：「道也者，不可須臾而離也，可離非道也。」在我們的日常生活中，不可須臾而離的，並不是我們眼前的這些事物，也不是我們的某一思想。那麼，這個「不可須臾而離」的，它到底是什麼？這個「不可須臾而離」的，就是我們的無相心體。我們走遍天涯海角，也是出不了這個無相心體的。我們的思維想像，即使跨越了時間與空間，也是出不了這個無相心體的。就像佛家所說的：「無不從法界流，無不歸還此法界。」這個法界，就是我們的無相心體。如果仔細體察，我們就會發現，一切心理現象與客觀現象，都是在這個心靈世界裡得以呈現的。禪宗有一個公案，也說明了這一道理。

黃檗禪師辭別南泉禪師。南泉禪師把黃檗禪師送到門口，然後，提起黃檗禪師穿的笠子，考驗黃檗禪師說：長老身材這麼大，你穿的笠子太小了。黃檗禪師說：這個笠子雖然小，然而，大千世界總在裡面。

如果站在「心物二元論」的立場上來看，莫說「大千世界總在裡面」，即使目前的山水，也是入不得黃檗笠子的。然而，若站在「無相心體論」的立場上來看，覺性心光，遍照十方，森羅萬相，盡納無餘，也可以叫做「大千世界總在裡面」。

若就某一具體的事物來說，任何一種事物，都不是「不可須臾而離」的。就客觀事物來說，客觀事物的每一個存在狀態，也是不一樣的，它的每一剎那，都在不斷地生起，同時，也在不斷地滅去。可見，客觀事物，不是「不可須臾而離」的。再看一看人們的心理現象，每一個念頭，每一個心態，它的每一剎那，也是在不斷地生起，同時，也在不斷地滅去的。可見，主觀事物，也不是「不可須臾而離」的。

我們雖然不能用眼睛看到我們的無相心體，也不能用耳朵聽到我們的無相心體，然而，這個無相心體卻是一個真實的存在，並且是永遠在我們的當下的，看東西的是它，聽聲音的是它，言語動作的是它，舉手投足的也是它。它能夠「須臾而離」嗎？它是不能夠「須臾而離」的。如果離開了它，我們用什麼來看東西呢？我們又什麼來聽聲音呢？我們又用什麼來想問題呢？它正是我們的「不可須臾而離」的。我們歡喜的時候，是這個「心」的作用。我們煩惱的時候，也是這個「心」的作用。乃至於不喜不惱，心平氣和，也是這個「心」的作用，也是這個「心」的現象。我們的無相心體，是「不可須臾而離」的，是見色聞聲、舉手投足的主人公，是一切心理現象的本源。

由於我們不曾領悟到這個無相心體，所以，一味地向外追逐虛幻的現象，把自己糾纏於虛幻的現象之中，被虛幻的現象所纏繞，不得解脫。所以，佛教提出了這樣一個重要概念，那就是「智慧解脫」。智慧，也就是「看透」「看破」的意思。解脫，也就是不受幻相的纏縛。對於這個「解脫」，人們也是有很多誤解的。人們認為，解脫某事，就是離開某事。譬如有的人，他要解脫世間的名利，因此，他就放棄名利，迴避名利。他以為這樣就是解脫了名利。其實不然。佛教裡所說的解脫，卻不是這樣的。佛教裡所說的「解脫」，是一種「即世而超然，超然而即世」的人生智慧，而不是要我們放棄世事人情。佛家以為，在世間而超然於世間，超然於世間而又在世間，這種「即世而超然，超然而即世」的人生智慧，就是佛家所說的般若智慧，就是佛家所說的智慧解脫。

人們未曾體證到這個無相心體，即使現代的科學心理學，也未曾涉及到這個「無相心體」。現代的科學心理學所研究的，只是「心的現象」，而是不是「心的本體」。我不止一次地問過一些心理學工作者：心是什麼？面對著這一問題，他們大都茫然所措。為什麼會這樣呢？這是因為，心理學工作者，他們知道，任何一種心理現象，都不是真正意義上的那個「心」。為什麼說任何一種心理現象都不是真正意義上的那個「心」呢？這是因為，一切心理現象都是生滅的。過去的心理現象，都已經消失，然而，我們的無相心體，卻未曾消失，它恆常寂照，它生生不息。這個「恆常寂照、生生不息」的本源真性這個意義上的「心」，它到底是什麼？現代的科學心理學，是未曾觸及到這個根本問題的。所以，當心理學工作者，面對著「心是什麼」這一問題時，他們大都會茫然所措。面對這一問題，有些人搜腸刮肚，試圖尋找出一個「問心無疑的答案」，可是，對於心理學工作者來說，這個問題卻是一個無法解決的問題。即使心理學工作者找到了一個「模棱兩可的答案」——心是對客觀事物的反映。這個「答案」也是經不住進一步地反問的。這是因為，如果說「心」是對客觀外界的反映，那麼，天是藍的，我們反映天的時候，我們的「心」也是藍的嗎？夜是黑的，我們處於黑夜的時候，我們的「心」也是黑的嗎？我們總不能說：在白天的時候，我們的心是白的；在黑夜的時候，我們的心是黑的。把「心」等同於「反映」，這是不符合實際的。

正確地認識我們自己，如實地體證我們自己，這是佛教的真正目的。我們自己——這個「真實的自我」，它不是我們的任何一種心理現象，也不是我們面對的任何一種客觀現象。我們的這個「主人公」——真實的自我，他不來也不去，不生也不滅。就像一所賓館裡的主人，他是常住的，他是不來也不去的。然而，賓館裡的客人，卻是不常住的，他是有來有往的。所以說，常住是主人，往來的客人。以此而觀之，我們就會發現，我們的心理現象與客觀現象，都是不是常住的，都是有來有往的，都是有生有滅的，所以，佛教裡就把這些來往生滅的現象叫作客塵。而把這個不來也不去的本源真心，叫做主人。佛教的目的，就是要讓人們識得這個「主人公」，識得這個「真實的自己」，並不是讓人們向外求佛。佛教裡有一首偈說得很好：「佛在靈山莫遠求，靈山只在汝心頭。人人有個靈山塔，好向靈山塔下修。」可見，佛教是返觀自鑑的學問，佛教是自我修養的學問。

一花一世界，一葉一菩提

——佛教的心學立場

依照佛教的立場，我們每一個人，各有自己的無相心體，各有自己的大千世界。這個大千世界，也就是我們的心靈世界，也就是我們的精神世界。每一個人的大千世界，都是心體與心相的統一。譬如一個城市裡居住著許多的人，依照唯物論的立場，城市只是一個客觀的城市，大家共同地住在其中。可是，依照佛教的立場，居住在這個城市裡的每一人，各人有各人那個意義上的那個城市，以及具體的生活內容，具體的個人感受。每一個人那個意義上的那個城市，以及具體的生活內容，具體的個人感受，也就成了這個人心中的一個複合法相。此時，城市不再是客觀存在著的「一」，而是主觀存在著的「多」——諸人心中，各人有各人那個意義上的那個城市，所以叫做主觀存在著的「多」。從佛教的立場上來看，城市也不再是一個「心外之物」，而是諸人的心光含攝中的一個複合法相。「以『心』為本位」來看問題，是佛教看問題的立場。佛教所說的法界全體，就是指「以『心』為本位」的「心」與「物」的統一。

譬如某甲的無相心體，以及其中的種種法相，即是某甲的大千世界，也是某甲的「法界全體」。某乙的無相心體，以及其中的種種法相，即是某乙的大千世界，也是某乙的「法界全體」，乃至於所有的有情個體，也都是依著他自己的無相心體，各成一個大千世界，這也正是《華嚴經》上所說的「一花一世界，一葉一菩提」的宗教隱喻。

佛教文化有顯意與密意之分。佛教文化的顯意，就是俗情所理解的「人神二元論」這個意義上的佛教，也就是佛教文化的表面意思。以「人神二元論」的觀念看來，我們所生活的這個世界，就是痛苦不堪的此岸世界。諸佛菩薩所生活的世界，就是其樂無比的彼岸世界。此岸世界就在我們的當下，彼岸世界卻在遙遠的他方。最初接觸佛教的人，他們所理解的佛教，無非如此。在這個「人神二元論」的宗教觀念裡，眾生離苦得樂的方式，無非是捨棄此岸世界，追求彼岸世界，捨棄凡夫之身，追求聖賢之位。最初接觸佛教的人，他們所理解的解脫，不過如此。

可是，如果我們再仔細思考一下，佛教文化真的是如此簡單麼？佛教文化若真的如此簡單的話，在中國歷史上，為什麼又有那麼多的仁人志士，藉助於佛教文化而獲得了那麼開闊的胸懷呢？其實，佛教文化並非這麼簡單。佛教文化的形式是宗教的，這是佛教文化的顯意；佛教文化的內涵是人文的，這是佛教文化的密意，也是佛教文化的「故事裡面的故事」。佛教文化是宗教形式與人文內涵的統一。大多數人看佛教，只見佛教文化的表面形式，而未見佛教文化的深刻內涵。

佛教文化屬於唯心世界觀，然而，卻不是「物質第一性，意識第二性」這個意義上的唯心世界觀。佛教裡所說的「心」與「物」，不同於我們通常所說的「心」與「物」。佛教裡所說的「心」，是指「無相心體」意義上的「心」，佛教裡所說的「物」，是指所有的現象，既包括客觀現象，也包括主觀現象，總之，凡是現象，皆屬於「物」的範疇。外在的六塵──色、聲、香、味、觸、法，內在的六根──眼、耳、鼻、舌、身、意，中間的六識──眼識、耳識、鼻識、舌識、身識、意識，乃至於八識田中的無量種子，也就是記憶狀態的心理資訊，在佛家看來，皆屬於「物」的範疇。

唯物論所說的「心」與「物」，卻不是這個意思。唯物論所說的「心」，是指客塵在心性中落射的影子，也叫做「反映」。唯物論所說的「物」，是指客觀的物質現象，是與「反映」相對應著的「客塵」。唯物論的「心」，等同於佛教的「六識」，也就是眼識、耳識、鼻識、舌識、身識、意識這六類心理現象。唯物論所說的「物」，等同於佛教所說的「六塵」──色、聲、香、味、觸、法。唯物論所說的「心」與「物」，皆屬於佛教文化的「物」的範疇。然而，佛教所說的「心」「佛」「實相」等，在唯物論哲學裡是找不到相應概念的，所以，用唯物論的「心」的概念，套解佛教的「心」的概念，這是一個哲學上的誤解。在這個誤解上的批判，又是誤解之誤解。佛教文化與唯物論哲學，各自用自己的概念體系與表述方式來說明這個世界，他們各有自己看問題的角度，各有自己那個角度上的合理性，我們是不可以用套解的方式「以此論彼」的。

佛教看問題的角度是「以『心』為本位」的，而不是「以『物』為本位」的。若「以『心』為本位」來看「宇宙萬相」，則「宇宙萬相」盡在當事人的心性光明之中──「物」在「心」中；若「以『物』為本位」來看「宇宙萬相」，則人及人心「盡在宇宙萬相的立體網路之中」——「心」在「物」中。可見，無論是物在心中，還是心在物中，都是有其看問題的立場的，也是各有其合理性的。

從本質上來講，佛教是「心」的哲學，佛教所說的世界，是「以『心』為本位」的「心」與「物」的統一。一切事物，大至廣袤無垠的宇宙，小至微觀粒子，一旦與當事人的心靈發生了關係，它便成了當事人「心」中的一個「具體法相」，也就成了當事人的大千世界中的一個「具體法相」，也就在當事人的心中獲得了它的具體意義。因此，每個人的「以『心』為本位」的「心」與「物」的統一，即是這個人的「大千世界」，亦是這個人的「法界全體」。

佛教藉助於宗教形式，喚起人們的宗教熱情。藉助於人們的宗教熱情，推動人們的道德進步，提升人們的精神境界。所以，在表面上看起來，佛教文化是宗教的，然而，在實質上來看，佛教文化則是人文的。如果我們硬要說佛教是宗教，那麼，佛教只能是「心的宗教」。也就是說，佛教是以「心」為「宗」的「人文教化」。佛教的目的，並不是要人們向外求佛，而是要人們如實的認識自我。為什麼這樣說呢？這是因為，在佛教看來，真正的佛，並不是「大雄寶殿裡的那個樣子」，而是每一個人的真實自我。所以說，佛教不是讓我們向外求佛，而是讓我們返觀自鑑，自我修養。

眾裡尋她千百度

——佛教的返觀自鑑

人們既要有物質生活的目標，也要有精神生活的目標。物質生活的目標與精神生活的目標，也是相互關聯的，也是不可偏廢的。假如一個人，一味地追求物質生活，忽略了健康的精神生活，那麼，他即使富有天下，他的人生，也不是幸福文明的人生。同樣，假如一個人，迴避現實，追求所謂「精神清靜」，那麼，他即使拋棄了一切，他的人生，也不是清淨無染的人生。為什麼這樣說呢？這是因為，這種人生狀態，是被所謂的「清淨」污染了，就像一個人，他說「不執著」，其實，他恰恰是執著了一個「不執著」，這種執著於「不執著」，其實，也是一種執著。

佛教文化的本質，本來就是世間的，這是因為，在佛教看來，離開了「世間」，根本就沒有一個「出世間」。世間與出世間，並不是宇宙空間的兩個地方，而是心靈上的愚迷與覺悟。愚迷就是世間，覺悟就是出世間。佛教裡所謂「出世間」，就是覺悟的人生，就是智慧的人生，所以六祖慧能說：「佛法在世間，不離世間覺。離世覓菩提，恰如尋兔角。」

要想獲得覺悟的人生，就必須回過頭來，如實地認清自己，儒家文化謂之「反省」，佛家文化叫做返觀自鑑，也叫做「回頭是岸」。也就是說，回過頭來，認清自己，這才是覺悟的彼岸。

仰山禪師開示大眾說：

你們一向是向外追求，所以，不能真正地認識自己。所以，我運用各種方法引導你們，使你們把自己的意識之光迴轉過來，體認這個真實的自我。我的種種教化，好像一個大雜貨鋪。在這個大雜貨鋪裡，只要是你們喜歡的，應有盡有。我放置這些雜貨的目的是什麼呢？就是用這些雜貨作誘餌，誘導你們發現其中的如意寶珠。這個如意寶珠，並不是什麼特別的物，而是我們每個人的「本來面目」，也是我們每個人的「真實自己」。

仰山禪師的這段話，到底是什麼意思呢？這段話的意思是說，佛法不是向外求來的，而是人人本來就有的。佛經上說：大地眾生皆有如來智慧德相，但以妄想執著而不能證得。這個「如來智慧德相」，就是我們每個人的「真實自己」，就是仰山禪師所說的「如意寶珠」。人人皆有這樣的「如意寶珠」，然而，人們卻未能識得。人們為什麼未能識得這顆「如意寶珠」呢？這是因為，人們一味地向外追尋，不知返觀自鑑，所以，釋迦佛說：但以妄想執著而不能證得。也就是說，只要人們不再妄想執著，不再弄聲捉響，就一定能夠返迷歸覺，到達覺悟的彼岸。

佛教也是一個大雜貨鋪，在這個雜貨鋪裡，應有盡有。雜貨鋪裡的雜貨，都是用來誘人入門的方面工具，只要是人們肯到佛教裡來，依著自己的愛好，選取那些自己喜好的雜貨，最後，都能在這所大雜貨鋪裡，發現真正「如意寶珠」。這顆真正的「如意寶珠」，並不是什麼別的物，它就是我們的無相心體，它就是我們的「如來智慧德相」。

禪宗不假方便，不給人拐彎子兜圈子，而是直截了當地直示這顆「如意寶珠」，因此之故，人們把禪宗稱之為「直指人心，見性成佛」的一個佛教宗派。

由於人們的妄想習氣很重，不能與禪宗的直指相應，所以，佛教裡的大德祖師們，設立各種方便法門，逐漸地消除人們的妄想習氣，逐漸地回歸人們的清淨自性。等到人們的內心條件逐漸成熟了時候，便會豁然開朗，識得自己本有的那個大寶貝，這就叫做「雜貨鋪裡發現真金」——領悟了真實的自己。領悟了「真實的自己」，立於「真實的自己」，此時，再看法界萬相，則更是一番精彩：三界火宅即真如，貪嗔癡性亦佛性。煩惱菩提本不二，百千漚相無二樣。

仰山說自己的禪法是雜貨鋪。什麼是雜貨鋪呢？就是以雜貨作誘餌，以發現「如意寶珠」為目的。仰山所說的雜貨鋪，這是一個比喻，比喻種種法門，皆為誘餌，究竟意旨，唯在明心——識得自家寶藏。《大涅槃經》裡講了這樣一段故事：

佛陀對弟子們說：弟子們，有一個貧女人，他們家裡有真金寶藏，可是，他們家裡的大人小孩，無人知曉。這時，有一位大富長者，告訴貧女人說：「我現在雇用你，為我芸除草穢，可以嗎？」貧女人即刻回答道：「只要你能給我指出真金寶藏的所在之處，我就為你芸

除草穢。」大富長者說：「你家裡本來就有真金寶藏。」貧女人答道：「我們家裡如果有真金寶藏，難道我們家裡的人還不知道嗎？你又不是我們家裡的人，你怎麼能知道我們家裡有真金寶藏呢？」大富長者說：「我不但能知道你們家裡有真金寶藏，我還能指出你們家裡的真金寶藏的所在之處。」貧女人答道：「我實在是想知道我們家裡的真金寶藏，你可以給我指出來嗎？」這時，大富長者從這個貧女人的家中，掘出了真金寶藏，呈現給貧女人。貧女人見到自己家的真金寶藏，心中無比歡喜，更加仰慕這位大富長者。

佛陀又告訴弟子們：大地眾生皆具如來智慧德相，可是，由於眾生顛倒妄想，所以，無人知道自己的如來智慧德相，就像貧女人家裡的真金寶藏，由於被雜草髒物所覆蓋，所以，貧女家人，大大小小，無人知曉自己家裡的真金寶藏。弟子們啊，我現在為你們指出，你們個個都有如來智慧德相，與佛是沒有絲毫差異的，由於你們顛倒妄想，所以，不能證得自己的如來智慧德相。你們應該熄滅顛倒妄想，反過來自鑑。如果你們真正地領悟到了自己，就等於貧女人在自己的家中發現了真金寶藏。

仰山禪師所說的「如意寶珠」，等於《大涅槃經》中所說的「真金寶藏」，都是比喻大地眾生皆具的「如來智慧德相」。學人不識自家的「如意寶珠」，不識自家的「真金寶藏」，向外追求如意寶珠，向外追求真金寶藏，這就是捨真取妄，這就是騎牛覓牛。捨真取妄，永不可得。騎牛覓牛，永不得牛。若人返觀一鑑，便會發現，所找之牛，不在別處，就在自己的當下。正所謂：「眾裡尋他千百度，驀然回首，那人卻在燈火闌珊處。」

即世而超然，超然在世間

——佛教的人生智慧

佛家所說的超然的智慧，到底是一種怎樣的智慧呢？是讓人們遠離世間、身居深山嗎？是讓人們放棄現實生活嗎？從佛教的根本意義上來看，佛教並不是要人們放棄現實生活，而是要人們在現實生活中而超然於現實生活。超然於現實生活，而又在現實生活之中。

如果一個人執著於世間的金錢名利，以及種種事相，他的這種執著就是「著有」——執著於有。相反，如果一個人執著於出世間的清淨，他的這種執著就是「著空」——執著於空。在大乘佛教看來，「著有」與「著空」，都屬於著相，都屬於障礙，都不符合生生不息的大智慧。佛教為了對治人們對世間相的執著，所以，佛家說「諸法空相」「五蘊皆空」的道理，令人們放棄對世間相的執著，解脫世間相的困惑。是不是一個人不再執著於世間相，那就是佛教所說的智慧解脫了呢？不是的。為什麼這樣說呢？這是因為，猶如給人治病，這只屬於一期療程。這時，人們雖然不再執著於世間相，然而，他卻又執著於出世間相。所以，還必須消除人們對出世間相的執著。打破一切執著，證悟到自己的「本來面目」，這才是真正的不執著。這時，我們就會發現，我們的本來面目，本來就是清淨無染的。我們的本來面目，本來就是靈動活潑。就六祖慧能所說的那樣：「何期自性，本自清淨；何期自性，本不生滅；何期自性，本自具足；何期自性，本無動搖；何期自性，能生萬法。」也就是說，我們的自性，是沒有污染的，即使有人想污染它，那也是污染不上的。我們的自性，是生生不息的，即使有人想停滯它，那也是徒勞用功的。只要我們領悟了我們的自性，契合了我們的自性，那麼，我們的人生，就是合乎大道的人生，就是智慧解脫的人生。

要想消除一個人的執著，那是一件很難的事。即使一個人跑到山林溪澗，遠離了社會人事，心中的「戀世習氣」，也是一時難以消除的。即使經過長期的修行，消除了心中的「戀世習氣」，那也不是沒有了執著，此時，他雖然沒有了「戀世習氣」，然而，他卻又有了一種「厭世習氣」。要想使他更進一步，就必須要消除他的「厭世習氣」。這就要求人們，在自我修養的道路上，不斷地進步，逐漸地打破執著，逐漸地消除習氣，直至完全地契合那個「道體」。這個「道體」，就是佛家所說的「法身」，就是我們所說的「無相心體」。

佛教文化的實踐過程，首先，從破除凡夫的「執有」開始。破除凡夫的「執有」，所用的方法是「破有顯空」，譬如佛教裡說，一切事物，都是因緣合和而有，因緣離散而空，沒有一樣永恆的東西。金錢、名利、地位、乃至於我相、人相、眾生相、壽者相等等，終歸都是要破滅的，因此，這些世間相，都不是人們的安身立命之處。

對於世人來說，要想消除掉心中的貪戀，那是相當難的事。正象《紅樓夢》中那位瘋顛道人所唱的《好了歌》那樣：

世人都曉神仙好，只有功名忘不了。
古今將相在何方？荒塚一堆草沒了。
世人都曉神仙好，只有金銀忘不了。
終朝只恨聚無多，及到多時眼閉了。
世人都曉神仙好，只有嬌妻忘不了。
君生日日說恩情，君死又隨人去了。
世人都曉神仙好，只有兒孫忘不了。
癡心父母古來多，孝順兒孫誰見了。

瘋顛道人開示人們：要想獲得超然的人生境界，就要解脫名利的虛妄繫縛。然而，真正能夠看破紅塵，又能夠在紅塵中生活的人，那可真是鳳毛鱗角，即使那瘋顛道人，也有偏空之嫌，也未能做到「不離凡俗，一塵不染」。頗有學問的賈雨村，他何嘗不知道「色即是空，空即是色」的道理呢？然而，他知道卻又做不到。這樣的「知道」，就不是真正的知道，他一見到嬌杏，就會情不自禁，心搖神蕩，即使嬌杏不在他的眼前，嬌杏也總是在他心中，令他心神纏綿，吐絲自纏，所以，假雨村一做了官，便派人把嬌杏接來，作了填房。人生在世，一旦陷入金錢、權力、色相，便會愈陷愈深，煩惱也會越來越多，即使一時獲得了滿足，也只能是鹽水止渴，那是「愈止而愈渴」的事。

當破除了凡夫的「執有」之後，凡夫就會產生另一種執著，那就是「執空」。對空的體證與執著，這就是二乘人的境界。對於佛教來說，二乘人的境界，不是徹底的覺悟。二乘人的境界，只是修行過程中的一個暫時階段。佛教對於二乘人的教化，就是要打破他們對「空」的執著，使他們領悟到「真空妙有，妙有真空」的法相實際，使他們契合得「真空不空，妙有不實」的法相實際。

我們的心靈，本來清淨無染，我們的心靈，本來妙用無窮。清淨無染與妙用無窮，一體不異。清淨無染即是妙用無窮，妙用無窮也是清淨無染。只要我們證悟到了這個清淨無染的無相心體，立足於這個清淨無染的無相心體，那麼，我們的一切作用，都可以說是清淨無染的。就像圓明寶鏡，鏡中雖有森羅萬相，然而，鏡子卻不染於一相。所以說，鏡子的清淨，是包羅萬相的清淨。我們的心體，也是這樣的。只要我們契合了這個心體，立足於這個心體，那麼，我們的百千妙用，無盡緣起，便都是清淨無染的。這個時候，我們就不會再認幻當真了，就不會再無繩自縛了。如果我們能夠做到這樣，即使身處名利場、居家過生活，也一樣是智慧解脫的。

《西遊記》中，取經路上的九九八十一難，原非心外之事，而是一個人的自我修養、返本還原的心理歷程。見佛取經，是對明心見性、自我修養的宗教隱喻；戰勝種種魔難，

是對不斷地超越自我的宗教隱喻。即使到了西天，見了佛祖，也並不是見到了別人，而是對「真我」「本我」的體證。取經路上的各種魔難，皆因著相而有，皆因破相而空，就像《西遊記》的第50回的題目：情亂性從因愛欲，神昏心動遇魔頭。這明明是告訴人們：一切魔障，都不是我們的心外之事，而是自己心裡亂哄哄。心定魔自降，悟本皆成佛。

面對現實，我們到底應該怎樣做呢？是放棄世間？迴避現實？還是虛營自繞，作繭自縛？對於俗情來講，這是一個兩難問題，也是一個邏輯悖論。佛家的大智慧，就擺脫了這個兩難問題。佛家有言：高高山頂立，深深海底行。還有：以出世的情懷，作入世的事業。我們可以把佛家的這種大智慧概括為：「即世而超然，超然在世間」。這句話的意思是說：只要我們能夠以寬闊的胸懷，隨緣作事隨緣了，不在事相上糾纏，這就是人生的大智慧。否則，即使跑到山上，杜絕人事，也是與佛家的大智慧不相干的。

我們的心靈，本來是很靈妙的，猶如圓明寶鏡，普照十方，塵塵剎剎，映現其中。明鏡的清淨，是含相而清淨，我們的心靈，也是含相而清淨。佛家所說的「清淨」，是「含相而清淨」，而不是「避相而清淨」，佛家所說的「超然」，是「即世而超然」，而不是「避世而超然」。趙州禪師有一段禪話問答，說明了這種「含相而清淨，即世而超然」的精神境界。

有一個人問義存禪師：很清靜的境界，這是一種怎樣的境界呢？

義存禪師說：這種境界是很深遠的，是無有邊際的。

後來，這個人又問趙州禪師：很清靜的境界，這是一種怎樣的境界呢？

趙州禪師說：依照世人的標準來看，這是一個清涼無比的境界，然而，如果依照佛家的標準來看，住在這種清靜境界上的人，依然是被這種清靜境界而囚禁著，不是佛家所說的智慧解脫。

後來，趙州禪師的回答，傳到義存禪師那裡。義存禪師聽後，說：趙州禪師，真乃古佛在世啊！於是，便向趙州的方向，遙拜作禮。

依照趙州禪師的說法，智慧解脫的境界，必須是契合「平常心」的。「平常心」的境界，不怨不艾，不浮不躁，勤奮無住，淡泊寧靜。具有這種境界境界的人，既不避喧求靜，也不著相自纏，他是一個「即世而超然，超然在世間」的人。

有的人認為：佛教是講「空」的。佛教真的是講「空」的嗎？如果說佛教是講「空」，只能說小乘佛教是講「空」的。對於佛教的最高目標來說，小乘佛教，只是一時方便，非究竟了義。為什麼這樣說呢？這是因為，世間的人，十分地著相，執著於好看的，執著於好聽的，執著於好吃的，執著於好玩的，為此，引起了許多的爭鬥。所以，佛教就從現象學上立意，告誡世人，著相的人生，未得時患得，已得時患失，總在患得患失中過生活，這不是智慧的人生。所以，佛教就告誡世人，一切現象，都是夢幻泡影，不要被它牽著鼻子走。佛教這樣說，既符合了現象學的道理，也符合了修養學的原則。只要人們照著這樣去做，就能逐漸地獲得人生的智慧。

從人生修養學的角度上來講，佛教所說的「空」，還有另一個方面的用意。那就是運用「空」的理論與方法，使我們的心靈獲得一種寧靜與安祥，而不是讓我們放下手中的事情。

釋迦佛在世的時候，有一位修行人，右手拿著一束鮮花，左手也拿著一束鮮花，前來供養釋迦佛。釋迦佛喊了這位修行人一聲。這位修行人，應聲作答。

釋迦佛說：請你放下。於是，這位修行人，放下了左手中的一束鮮花。釋迦佛又對這位修行人說：請你放下。於是，這位修行人又放下了右手中的一束鮮花。

釋迦佛還是對這位修行人說：請你放下。這位修行人感到很困惑，於是問釋迦佛：我左手中的花放下了，我右手中的花也放下了，我的兩手都已經空了，你還讓我放下個什麼？

釋迦佛說：你應該放下對外界事物的執著，你應該放下對內在心念的執著，你應該放下對四大色身的執著，在自己的心靈上，放下一切執著，放到無可再放時，這就是你的解脫之處。這位修行人，聽了佛陀的教導，豁然契合了佛法的真諦，獲得無縛無脫的大解脫，獲得了無愚無慧的大智慧。

當我們放下了一切執著的時候，外不執著於色塵，內不執著於心念，乃至於對這個「不執著」也不執著，這時，我們的境界，就是「無掛礙」「坦蕩蕩」的大智慧境界。可是，沒有智慧的人，總是執著事相，妄想分別——「常戚戚」。也就是說，有修養的人，他的胸懷是無掛礙的，他的胸懷是坦蕩蕩的，他的胸懷是無住著的，所謂「有粥吃粥，有飯吃飯」，粥也好，飯也好，樣樣都好。

近代著名的律宗大師——弘一法師就是這樣的一種人，他吃飯時，普通的蘿蔔，普通的白菜，到了他的嘴裡，就像享受山珍海味。有一回，有一位居士請他吃飯，一共燒了四道菜，其中，有一道菜作得太鹹了，有人嚷嚷著：「太鹹了，太鹹了！」可是，弘一大師呢？他卻吃得津津有味，他說：「鹹有鹹的味，淡有淡的味。」對於弘一大師來說，什麼都好，蘿蔔好，白菜好，鹹的好，淡的也好，樣樣都好。這是什麼原因呢？這是因為，弘一大師有一顆平常的心，他是用這顆平常的心來享受當下的生活的，而不像我們，吃著鹹的，想著淡的，吃著白菜，想著蘿蔔，總是妄想分別，總是作繭自縛。

弘一大師 德相

佛家有一首詩，說得很有道理。詩曰：

春有百花秋有月，夏有涼風冬有雪。
若無閒事掛心頭，便是人間好時節。

佛法的真精神，是積極向上的，是靈動活潑的，不是死水一潭。佛法的這種積極向上，靈動活潑，就是佛教裡所說的「不著相」。真正的不著相，是連這個「不著相」也不著的。那麼，這個「不著相」的「相」字，又是指什麼東西呢？答曰：相就是現象。那麼，現象又是個什麼東西呢？現象就是有形有相、有生有滅的東西。既然「相」是有生有滅的，那麼，我們如果把自己的人生寄託在這些「生滅相」上，豈不是在雪堆上建大樓嗎？那是靠不住的。所以《金剛經》上說：「一切有為法，如夢幻泡影，如露亦如電，應作如是觀。」佛教並不說「什麼都沒有」，而是說一切現象，如幻如化，不是人生的寄託之處。所以佛家講「超然」。佛家所講的這種「超然」，並不是「離世而超然」，而是「即世而超然」。

佛教裡所說的「不動心」，也不是心靈的死寂不動。佛家所說的「不動心」，就像道家所說的「無為」一樣。「無為」不是「無所作為」，而是全體大用之為——「無為而無不為」。佛家所說的「不動心」，也是這樣。「不動心」不是「死寂不動」，而是全體大用之動——「應緣無住之妙用」。有一位懶融禪師，他有一首偈，說得很好，他說：

恰恰用心時，恰恰無心用。
曲談名相勞，直說無繁重。
無心恰恰用，常用恰恰無。
今說無心處，不與有心殊。

懶融禪師的這首偈，也就是說，我們正在運用我們的心的時候，恰恰是無心可用的。如果我們糾纏於事相，在事相上妄想自纏，那是徒勞自辛的事，這樣的妄想自纏的人生，不是「空心應事，應事空心」的大智慧，不是「風來竹面，雁過長空」的大靈動。用我們通俗的話來說就是，不抱成見，沒有固執，隨緣應事，無所住著，這就是人生的大智慧，這就是人生的大靈動。我們如果能夠這樣地運用我們的自心，就是佛家所說的大智慧到彼岸。

佛經上所講的人生道理，是一種科學的人生哲學，也是一種智慧的人生哲學。我們經常說「好自為之」，其實，佛教經典裡也是這樣講的。佛教裡說「諸惡莫作，眾善奉行，自淨其意，是諸佛教。」這就是教導我們，要認清人生的前因後果，善因自會有善果，惡因自會有惡果。因此，我們要用善良的行為，創造我們美好的未來，建設我們的精神家園。佛教裡講述人生的道理，採用了宗教隱喻的方式，「顯義裡面有密義」，「故事裡面有故事」，因此，對於佛教文化瞭解不深的人，是很難透過佛教文化的外在形式，見到佛教文化的人文內涵的。

中外佛教史上，一些有修有證的大德高僧，以及在家的大居士，都是集科學家、醫學家、文學家、社會活動家於一身的，而不是「兩耳不聞世間事」的人，他們不但講究人生智慧，同時也講究「醫方明」，「工巧明」等。所謂醫方明，就是研究醫藥，以提高人類的健康水準。所謂工巧明，就是研究科技，以提高人們的生活水準。所以說，佛教既關懷人類的精神生活，同時也關懷人類的物質生活，佛教對人類社會的發展，對科學技術的發展，對精神境界的提升，對自身素質的提高，都有著積極的作用。

佛向性中作，莫向心外求

——佛教的人生實踐

有人認為，佛教就是迷信的，佛教裡所說的天堂地獄，六道輪迴，根本就是不存在的事，因此，更不會有「作善事升天堂，作惡事下地獄」的事。也有的人認為，佛教所說的天堂地獄，六道輪迴，都是真實存在的事，因此，作惡事就會下地獄，作善事就會升天堂。以上所說的這兩類人，都屬於「信而不知」的人。為什麼這樣說呢？這是因為，相信佛教的人，他相信佛教所說的天堂地獄是真實存在的。其實，不相信佛教的人，他相信佛法所說的天堂地獄都是不存在的。所以說，相信佛法的人與不相信佛法的人，都屬於「信」的範疇，一個是相信佛教所說的是「真」，另一個是相信佛教所說的是「假」。其實，信「真」與信「假」的人，都屬於「信而不知」的範疇。

為什麼這樣說呢？這是因為，真正地瞭解佛教的人，他一定是超越了「信真」與「信假」的範疇的，就好像熱帶地區的人，從來沒有見過雪，更未見過「雪中梅花」。當他們聽說了「雪中梅花」，有人就會相信這是真的，有人也會相信這是假的。其實，信真與信假的這兩類人，他們對「雪中梅花」都不是有真正見解的人。為什麼這樣說呢？這是因為，真正地見到「雪中梅花」的人，他是超越了「信真」與「信假」這兩種知見的。譬如說，相信有「雪中梅花」之事的人，或者是不相信有「雪中梅花」之事的人，偶有因緣，來到北方，親自見到了「雪中梅花」。這時，他的相信，或者不相信，就會蕩然無存，所剩下的，唯有目前的這個「雪中梅花」的實際。我們大多數的人，對於佛教文化的態度與認識，基本上也屬於這兩種情況。信真者，頂禮膜拜，向外求索，欲求福佑。信假者，不屑一顧，置之不理。其實，這兩類人，都未能對佛教文化有真正地瞭解，也未能見到佛教文化的實際。

佛教文化的實際，並不是信真與信假的這兩類人所想像的那個樣子，這是因為，佛教文化「顯義裡面有密義」「故事裡面有故事」。佛教文化的「顯義裡面的密義」「故事裡面的故事」，又是大家所不容易看到的。為了讓人們體證到佛教文化的人文內涵，佛教文化便用「顯義」來表達「密義」，便用「第一層故事」來表達「更深一層的涵義」。只要是人們順著第一層故事，慢慢地深入，就能實際地體證到佛教文化的「顯義裡面的密義」「故事裡面的故事」。

佛教文化已經有了三千多年的歷史，甚至到了今天，它依然還存在著。佛教文化之所以有這麼悠久的歷史，那一定是有它的特殊價值的。歷史上的許多智者達人，深入佛教文化，具理備行，有修有證，獲得了很高的精神成就，傳承了人類的精神文明。

社會的發展，需要人文精神。如果在我們的社會中，沒有了宗教文化，沒有了道德信仰，所剩下的，只有那些政治、法律、科學、技術等等，那將是人類的痛苦與悲哀。在這樣的一個社會裡，人類的貪、嗔、癡之心，藉助於更加先進的科學與技術，將會獲得更大的滿足，同時，也會帶來更大的不滿足。這種極度地向外追求，過分地依賴於外物，實在是對精神家園的荒廢。所以說，我們在物質文明建設的同時，切不可忽視精神文明的建設。然而，精神文明的建設，不是「道德說教與強力約束」所能辦到的。人類的精神文明建設，必須要藉助於有人類的信仰。沒有信仰的精神文明，那是根本不存在的。

佛教的根本任務就是人類的精神文明，它不是為了另一個世界，而是為了人類的精神世界。佛教裡所說的天堂地獄，六道輪迴，乃至於諸佛菩薩，全都是對人們的精神世界的象徵性表達。就像六祖慧能所說：

佛向性中作，莫向身外求。自性迷即是眾生，自性覺即是佛。慈悲即是觀音。喜捨名為勢至。能淨即釋迦。平直即彌陀。人我是須彌。貪欲是海水。煩惱是波浪。毒害是惡龍。虛妄是鬼神。塵勞是魚鱉。貪嗔是地獄。愚癡是畜生。善知識，常行十善，天堂便至。除人我，須彌倒。去貪欲，海水竭。煩惱無，波浪滅。毒害除，魚龍絕。自心地上覺性如來，放大光明，外照六門。清淨能破六欲諸天。自性內照，三毒即除，地獄等罪，一時消滅。內外明徹，不異西方。不作此修，如何到彼。

在六祖慧能的開示中，我們可以看到，佛教裡所說的那些事，都是我們心中的事。所以，六祖慧能說：佛不在別處，莫向身外求。眾生也不在別處，癡迷就是眾生。乃至於觀世音菩薩，也不是別人，而是我們的慈悲；大勢至菩薩，也不是別人，而是我們的喜捨。常行十善，天堂便至；常行邪惡，地獄即現。所以我們說，佛教以宗教文化的形式，承載

三十三祖慧能大師

了極其豐富的道德精神。我們應該藉助於佛教文化，提升我們的精神境界。

對佛教文化的瞭解，最忌諱主觀性。迷信的人，藉助於佛教經典，憑著著自己的想像，勾畫出了一幅「宗教圖像」，然而，對於佛教文化的真正含義，以及佛教文化的精神境界，卻沒有實際地體證。因此，我們覺得，十分有必要通俗地介紹佛教，使人們清楚地認識到，在佛教的宗教形式之中，隱含著深刻的人生哲理，以及高遠的精神境界。

要想獲得佛家所說的大智慧，就是當我們有一個「知之為知之，不知為不知」的佛教文化態度，不可以「以自己的想像為是」。如果一個人「以自己的想像為是」，那是不能到達覺悟的彼岸的。佛家說：「小疑小悟，大疑大悟，不疑不悟。」釋迦牟尼佛，以及歷代祖師，他們在尚未大徹大悟之前，不但有對大徹大悟的嚮往，同時，也有對宇宙人生的困惑與疑問，他們正是帶著這些困惑與疑問，來探索宇宙人生的。

不管我們讀了多少聖賢書，也不管我們說了多少正確的話，如果我們不能實踐它，不能落實它，那麼，我們所讀的那聖賢書，以及我們所說的那些正確的話，就不會對我們有實際的益處。我們所讀的那些聖賢書，如果沒有透過實踐，把它變成自己的人格，那是沒有什麼用處的。我們必須透過實踐來發現真理，透過實踐來體會真理，透過實踐來體現真理。下面的這段禪機問答，就說明了這一道理。

有源律師，前來向越州慧海禪師問道：人家都說你是一位有道的高僧，請問：你現在還用功修行嗎？

慧海禪師說：用功。

又問：你是怎樣用功修行的呢？

慧海禪師說：饑來吃飯，困來即眠。

源律師感到很困惑：一般人也都是這樣的呀，難道他們與你有什麼不同嗎？

慧海禪師說：當然有不同。

問：有什麼不同呢？

慧海禪師說：他們吃飯的時候，不肯好好地吃飯，挑肥揀瘦，百種需索。他們睡覺的時候，不肯好好地睡覺，胡思亂想，千般計較，所以不同。

佛教文化不僅僅是一種信仰，更應該是一種健康的人生實踐，也是一種高遠的人生境界。可是，有這樣兩類人，對於佛教文化，貌似而神離。第一類人，站在佛教文化的週邊，以旁觀者的態度，對佛教文化作猜測性的義理分析。結果是，終日數他寶，自無半分錢。第二類人，雖有佛教文化信仰，然而，卻停留在佛教文化的表面，沒有觸及到佛教文化的實際。結果是，心外求佛，愈覓愈遠。以上這二類人，都沒有觸及到佛教文化的真諦。如果想要通達佛教文化的真諦，獲得圓融無礙的大智慧，就必須「依教奉行」「如法實踐」，若不然的話，那就會象《華嚴經》上所說的那樣：

譬人大惠施，種種諸肴膳，不食自餓死，多聞亦如是。

譬如有良醫，具知諸方藥，自疾不能救，多聞亦如是。
譬如貧窮人，日夜數他寶，自無半錢分，多聞亦如是。

佛教文化的目標，必須要靠實踐來實現。佛教實踐，不僅僅包括參禪打坐，更重要的是，立下「大徹大悟的志向」，發出「利益眾生的大願」，實踐「利益眾生的大行」。只有理事並行，才能獲得人生的大智慧，才能自度度人，才能功德圓滿。

慈悲為懷，普度眾生

——佛教的慈悲為懷

有人會說：「東西沒有好壞，人總不能說沒有好壞吧？有的人橫行霸道，無惡不作；有的人老老實實，與人為善。」是的。人的好壞，也是在一念之間。一念善，則當下善。一念惡，則當下惡。離開了人的善念與惡念，哪裡還談得上什麼「人的善惡」呢？善念豐厚、常動善念的人，我們就稱他為善人。惡念居上、常動惡念的人，我們就稱他為惡人。可見，所謂的善人與惡人，都是在心念上來評判的。佛教的教化物件，不僅僅包括那些善人，也包括那些不善的人，佛教要使善人更善，以至於達到「至善」——大慈大悲，也就是儒家的「仁者愛人」，愛一切人。這種至善至愛，就是佛家所說的「普度眾生」，就是儒家所說的「一視同仁」。

一個具有極高修養的人，他不但愛善人，就是不善的人，他也是愛的。他的這種「至善」「至愛」，表現為教導他人走健康向上之路，走智慧光明之路，使人人都享受到文明與健康。如果一個隻愛善人，而不愛不善的人，其實，他的這種愛，就是一種「自私的愛」，也是一種「偏見的愛」。其實，所謂的不善的人，更需要教導，所以，佛教裡就塑造了這樣一位菩薩，他就是大家都熟知的地藏王菩薩。在佛教裡，地藏王菩薩的願望是最大的，所以佛教裡稱為他「大願地藏王菩薩」。據《地藏王菩薩經》上說：地藏王菩薩，無量劫來，早已成佛，然而，他化身為菩薩，發下大願：地獄未空，誓不成佛；眾生度盡，方證菩提。

地藏王菩薩到最苦的地獄裡去救度眾生，就好像有人到監獄裡去教化犯人一樣，立志把那些犯人改造成好人。如果一個人只愛善人，而不愛不善的人，甚至是對於那些不善的人，懷有一種嫉惡如仇的態度，其實，他的這種「嫉惡如仇」，也是一種不善，既不符合佛家的「大慈大悲」的精神，也不符合儒家「仁者愛人」的情懷。

人生是變化著的，不是固定不變的。按照佛教的觀念，人生之所以萬有不齊，苦樂懸殊，其間是有著前因後果的。

譬如有人，在工作中勤奮努力，認真負責，因此，創造了極好的人緣，受到了大家的推舉，受到了領導的重視。或許他會由一個小職員變成一個小科員，步步升級，一直坐到更高的位置。過去的努力勤奮，就是這個更高位置的前因。這個更高的位置，就是過去勤奮努力的後果。然而，當他有了權力與地位的時候，或許會生出一念小小的貪心，或許他的這一念小小的貪心會獲得滿足。在他的這一念小小的貪心獲得滿足的時候，他或許會生出更大的貪心，藉助於權力與地位，他的更大的貪心也獲得了滿足。他的一個又一個的貪心，不斷的獲得滿足，因此，猶如鹽水止渴，愈止愈渴，直至鋃鐺入獄。即使沒有鋃鐺入獄，自己所營造的精神牢獄，也是囚禁著他的。人生的變遷，其中的因因果果，是極其複雜的，然而，「種瓜得瓜，種豆得豆」，自作自受，這一因果規律，卻是絲毫不差的。所以佛教告戒世人：「諸惡莫作，眾善奉行。」

在佛教看來，一切眾生都是可以成佛的，因此，我們不可輕視他人。孔子也說「後生可畏，焉知來者不如今？」佛教說，「放下屠刀，立地成佛。」俗語說：「浪子回頭金不換。」

每一個人的改過自新，都是要有個時節因緣的。即使監獄裡的犯人，也是不可輕視的。為什麼呢？這是因為，或許這個在監獄裡的人，他已經立下了大願，痛改前非，重新做人，相反，監獄外面的有些人，卻在不知不覺地、漸漸地走進監獄。所以，我們的心量要大，要容得各種各樣的人，要感化各種各樣的人，同時，在容人化他的過程中，也成就了自己的道德與學問。

歷史上有個故事，我們不妨說一說。說的是明朝嘉靖皇帝的時候，有個名叫嚴嵩的宰相，他是個奸臣。嚴嵩有個兒子，名叫嚴世蕃，也是個為非作歹的惡官。父子同惡相濟，結黨營私，總攬朝政，陷害忠良。說到他們的奢侈生活，那更是令人吃驚。據說，在嚴府裡，每天都有數不清的門客來來往往。從嚴府廚房的陰溝裡，每天流出來的魚、肉、白米，多得嚇人。

在嚴府的附近，有一座寺廟，寺廟裡有個老和尚，每天都領著一幫小和尚到嚴府廚房的陰溝裡撈白米。撈上來之後，用清水衝洗，然而再曬乾儲藏。日子久了，竟然堆滿了一屋子。後來，嚴嵩犯案，財產被沒收，兒子也被殺頭。由於嚴嵩作惡多端，沒有人可憐他，老來沒有任何依靠。老和尚慈悲，收留了他。過了好長時間，嚴嵩很難為情地對老和尚說：我很對不起你，在我勢力大的時候，我從來沒有對你的寺廟作一點功德，可是，現在我窮了，反而住在你的廟子裡，我真慚愧！老和尚說：知過能改，善莫大焉。老和尚領著嚴嵩，來到了堆滿白米的那間房子。老和尚指著那堆白米說：這些米，都是從你相府廚房的陰溝裡流出來的，我把它洗淨晾乾，就堆放在這裡。嚴嵩看到這一事實，又聽了老和尚教誨，悔恨莫及。

佛教所說的教化眾生，就是普度眾生，就是把一切眾生統統度到覺悟的彼岸，統統度到道德的彼岸，佛家的這種慈悲普度，是不捨棄任何一個眾生的。所謂救度眾生，就是改造人們的精神世界，開發人們的道德文明，使人人都有一個健康文明的精神家園。

第二章　文人與禪

中國的大乘佛教，有八宗之多，名相義理，更是繁多。現在，我們就以禪宗為例，談談中國文人與佛教文化的關係。

禪宗是佛教文化心髓部分，也叫做「教外別傳」的一個佛教宗派。什麼叫做「教外別傳」呢？「教外」，就是文字教典之外。「別傳」就是特別的傳授。合起來的意思就是：文字教典之外的特別傳授。

那麼，這個「特別傳授」又是什麼呢？就是「言外之意」。也就是說，佛教有千言萬語，然而，那都不是佛教的「歸根至本」的真義。「歸根至本」的真義，就是眾生的「本來面目」，就是眾生的「如來智慧德相」——無相心體。禪宗就是這樣的一個「直指人心，見性成佛」的佛教宗派。

禪宗雖然發源於印度，然而，卻在中國獲得了充分地發展。在禪宗文化的傳播過程中，禪宗與中國文化相互融合，形成了中國文化史上的曠古奇葩。唐詩宋詞、宋明理學、明清小說、雕塑繪畫、園林建築等文化成就，皆與佛教文化有著密切的關係。在這裡，我們僅舉幾位大家比較熟悉的文人學士，來說明中國文人與佛教文化的密切關係。

達摩祖師東渡——一葦過江

白居易與鳥窠禪師

杭州西湖喜鵲寺鳥窠禪師，本名道林，謚號圓修。九歲的時候，就落髮出家，到了二十一歲，來到荊州果願寺，受了具足戒。後來，來到長安，跟隨西明寺的復禮法師學習《華嚴經》與《起信論》。道林禪師問復禮法師：應該如何觀心？復禮法師，久而無言。道林禪師，三禮而退。後來，道林禪師又向徑山禪師問法。在徑山禪師的啟發下，道林禪師當下就「明心見性」了。

道林禪師明心見性之後，收了一位徒弟，名字叫會通。會通禪師跟著道林禪師參禪，過了很長時間，可是，會通禪師始終未能開悟。

有一天，會通禪師向道林禪師辭行，說自己要到別的地方去學習佛法。

道林禪師問：你要到哪裡裡去啊？

會通回答說：我為了學習佛法，出家為僧，我投在您的門下，您卻不教導我。所以，我要到別的禪師那裡去學習佛法。」

道林禪師說：「你如果要學習佛法，我這裡也是有一點的。」

會通問：「你的佛法是什麼？」

在這個時候，道林禪師，拈起身上的一絲布毛，吹之。於此當下，會通禪師頓領玄旨。

會通禪師就這樣開悟了。

因為會通禪師，是藉助於「吹毛」之緣而開悟的，他又是道林禪師的侍者，所以，人們都叫他布毛侍者。

會通禪師悟到了什麼？答曰：領悟了自心。所謂開悟，就是對自心的領悟，也叫做明心見性。

根據《五燈會元》的記載：道林禪師，後來獨自來到秦望山，住在一棵枝葉茂盛、盤屈如蓋的松樹上，就像小鳥在樹上住巢一樣，所以，當時的人們，就稱他為鳥窠禪師。由

於鳥窠禪師道行很深，所以，時常有人來請教佛法。

有一天，白居易來到鳥窠禪師的樹下，向鳥窠禪師請教佛法。白居易看到鳥窠禪師端坐在樹上，於是，就對鳥窠禪師說：禪師，您的處境太危險了！

禪師回答：太守！是你的處境太危險。

白居易聽了，感到很納悶，說：下官是朝廷命官，有什麼危險呢？

禪師說：薪火相交，識浪不停，能說不危險嗎？（這正是凡夫俗子的危險之處。）

白居易又問：佛法的根本大意是什麼？

禪師回答：諸惡莫作，眾善奉行。自淨其意，是諸佛教。

白居易聽後，不以為然，說：這有什麼稀奇，這是三歲孩兒也知道的道理啊！

禪師道：三歲孩兒皆曉得，八十老翁行不得。

白居易聽了禪師的話，十分的歡喜，禮拜而退。

又有一次，白居易以偈語請教鳥窠禪師：

特入空門問苦空，敢將禪事問禪翁。
為當夢是浮生事，為復浮生是夢中。

禪師也以偈語回答：

來時無跡去無蹤，去與來時事一同。
須更問此浮生事，只此浮生是夢中。

人生如幻如化，短暫如露如電，但是，若契合了「不生不滅的萬法之源」，超越了「生滅法相的虛幻變遷」，我們就能「於萬法叢中而超然」，就像佛家所說的「生死涅槃等空花」。白居易聽了禪師的開示，愈加敬佩，於是，皈依了鳥窠禪師，作禮而退。

從白居易與鳥窠禪師的對話中，我們可以看到，佛家所說的大智慧，不是在思維上講道理，不是在口舌上爭勝負，而是在心地上作實證。先聖先賢，正是以這樣的態度來學習佛法的，所以說，只是講得一些佛教的道理，如果沒有實際的證悟與修養，即使口若懸河，也是無有實際的，就像「盲者話說藍天白雲」，皆屬有名無實之談。

白居易從佛法中領悟到了自己的安身立命之處，成了一位意境很高、修為脫俗的大居士。白居易遍訪名山高

鳥窠禪師

僧，晚年更是素養其心，捨自宅為香山寺，自號為香山居士，他的一首詩曰：

愛風巖上攀松蓋，戀月潭邊坐石稜。
且共雲泉結緣境，他日當做此山僧。

在這首詩中，顯示了白居易的佛法情趣與佛法志向，也顯示了白居易的「不為世俗所羈絆，自在清淨過人生」佛學修養。

歐陽修與明教禪師

宋朝有一位契嵩禪師，七歲開始出家修行，十九歲遍參大德高僧。後來，遇到了洞山禪師那裡，在洞山禪師的啟發下，體悟到了佛法的真諦。契嵩禪師，道心堅定，精進修行，每天夜晚，專念觀音聖號。多年以來，從無間斷，因此，智慧大開，經書章句，無不圓通。契嵩禪師著有《原教論》，用來教化那些主張廢佛的文人學士。又撰寫《輔教編》，深得仁宗皇帝讚嘆，寵賜封號為「明教大師」。

當時的儒學興盛，有一些人，執著於儒家名相，譭謗佛家文化，一代碩儒歐陽修，也在其中。歐陽修著有《本論》，用來譭謗佛法，並且得到了很多人的回應。於是，明教禪師針對誤解佛教的世風，從「歸元至本無二樣」的高度，揭示了儒、釋、道三教的根本相同之處，明教禪師著《輔教編》，用來端正當時的學風。歐陽修看到了明教禪師的著述之後，深契其中的道理，他說：「佛教二百六十字的《心經》，我尚且未能明其義理，還談得上什麼佛法？」歐陽修讚嘆明教禪師道：「實在是沒有想到，僧侶之中卻有這樣的龍象。」於是，天剛濛濛發亮，歐陽修就整裝肅衣，準備去拜見明教禪師，請求明教禪師開示佛法的道理。歐陽修與明教禪師，兩人相見，終日交談，使歐陽修深受啟發。

歐陽修得到了明教禪師的開示之後，就對佛教有了一種截然不同的態度，於是，遍訪名山寶剎，參究佛法妙義。有一次遊廬山，前去拜謁祖印禪師。祖印禪師引用百家之說，啟迪歐陽修。在祖印禪師的啟發下，歐陽修大有省悟，謝罪道：「余舊著《本論》，孜孜以毀佛法為務，誠不知天地之廣大，不知佛法之奧妙，更不知佛之為聖者，今修胸中已釋然矣！」於是，歐陽修信仰佛教，自稱六一居士，並且常寫文章，勸人行善，成為當時的文壇佳話。

又有一次，歐陽修到嵩山，見一老和尚獨自閱讀經典，不與人交談。歐陽修心中好奇，於是上前問話：禪師住在這裡有多久了？

老和尚說：很久了。

歐陽修問：平日都誦讀什麼經典？

老和尚說：《法華經》。

歐陽修趁機問道：古代高僧，臨命終時，能夠預知時至，談笑自若，生死自如，這是什麼原因呢？

老和尚說：這是定慧的力量。

歐陽修

歐陽修問：現代的人能做到這樣的，寥寥無幾，這又是怎麼回事呢？

老和尚說：古代的人，時時皆在定慧之中，臨命終時，哪會有散亂？現在的人，時時皆在散亂之中，臨命終時，哪會有定慧？

歐陽修聽了老和尚的這番話，很受鼓舞，立志攝心在定，不再放心逐境，於是，近和尚座前，再三頂禮。

歐陽修以當朝宰相之尊，以學貫翰林之譽，且能頂戴佛法有加，那是因為佛法使他體認了人生的真諦，化解了他心中的疑團，所以，古文八大家之一的歐陽修，卻在佛法中獲得了莫大的啟迪。

韓愈與大顛禪師

總體上來說，唐朝是佛教最興盛的時代，朝廷上下，護持佛教。韓愈看到當時的儒家，幾乎被佛家所替代，於是，以儒家道統自居，尊儒排佛，自比為孟子之拒楊墨。當時，唐憲宗非常崇信佛法，元和十三年戊戌歲迎佛指骨舍利，（按：元和十三年十二月，唐憲宗遣中使迎鳳翔法門寺佛指骨。韓愈有《諫迎佛骨論》，觸怒聖上，因此，被貶潮州。）憲宗皇帝，於安福門，恭自焚香，迎候頂禮。皇帝及百僚俱見五色光環，大家都說是佛光。唯有侍郎韓愈說「不是佛光」，不肯拜賀聖德。憲宗皇帝質問韓愈：「既然不是佛光，那麼，你說是什麼光？」侍郎韓愈當時失對，因此，被貶潮州。韓愈在潮州，遇到了大顛禪師，因此，留下了一段禪門美談。

韓愈被貶到了潮州。問身邊的人：在這個地方，有沒有道行高深的大禪師啊？

身邊的人對韓愈說：在這個地方，有一位大顛和尚。

韓愈派人，前往大顛和尚處，三次請大顛和尚前往，大顛和尚皆不前來。後來，大顛和尚聽說，韓愈三次派人來請，是為了佛光的事。於是，不請自來。侍郎韓愈，不許相見。讓人問大顛和尚：三請不赴，為何不請自來？

大顛和尚說：三請不赴，不為侍郎；不請自來，只為佛光。

韓愈聞已，心生歡喜。於是，問大顛禪師：我在當時說「不是佛光」，難道我說錯了嗎？」

大顛和尚說：你說得對。

韓愈說：既然不是佛光，那又是什麼光呢？

大顛和尚說：當是天龍八部釋梵助化之光。

韓愈說：在當時，京城如果有一人像和尚這樣說，我就不會被貶到潮州來了。

韓愈又問：不知佛有光嗎？

大顛和尚說：有。

又問：如何是佛光？

大顛和尚呼喚侍郎一聲：侍郎。

韓愈

侍郎應諾。

大顛和尚說：還見麼？（按：佛光無相，隨緣現相。心光無相，應聲有響。大顛和尚呼喚「侍郎」一聲，這「應聲而響」的是什麼？分明是了了常明的心靈之光。可惜，侍郎不會。諸位還會麼？）

侍郎曰：弟子到這裡卻不會。

大顛和尚說：這裡如果會得，是真佛光。所以說，佛光無相，非青黃赤白，非大小方圓，透過須彌鐵圍，遍照山河大地。非眼見，非耳聞，故五目不睹其容，耳聽不聞其響。（按：因此之故，稱之為「無相之光」。）若識得這個佛光，則不受幻相所惑也。」

大顛和尚欲歸山，給韓愈留下一偈曰：

辭君莫怪歸山早，為憶松蘿對月宮；

太殿不將金鎖閉，來日自有白雲封。

一向對佛教桀驁不馴的韓愈，受到了大顛禪師的開示，對佛教有了新的領悟，從此，改變了對佛教的態度，並且與大顛禪師相交甚好，他有一首贈給大顛禪師的詩曰：

吏部文章日月光，平生忠義著南荒；

肯因一轉山僧話，換卻從來鐵心腸。

宋代的黃魯直也說：「退之見大顛後，作文理勝，而排佛之辭為之沮。」佛法教化力量之深入，移情化性之真切，即使頑石，也會點頭。

李翱與藥山禪師

藥山禪師俗姓韓，少年敏俊超群，胸懷大志，曾說：「大丈夫當離法自淨，焉能屑屑事細行於布巾邪？」遂謁石頭禪師，密證心法。後來，因為住在藥山，所以，人們稱他藥山禪師。

當時，著名學者李翱，久慕藥山禪師德行高遠，因此，恭敬地邀請藥山禪師到他家中接受供養。但是，屢次派人邀請，藥山禪師都未應供。於是，李翱親自入山，拜謁禪師。李翱來到藥山，看到藥山禪師正在看經。藥山禪師的侍者，看見大名鼎鼎的李翱前來，便趕忙上前對藥山禪師說：「師父！太守來了！」但是，藥山禪師聽了之後，仍然紋風不動，照常看經。

李翱懾於藥山禪師的威儀，畢恭畢敬地站在一旁。可是，等了許久，藥山禪師仍毫無動靜。最後，李翱實在忍不住，就說：見面不如聞名。意思是說：我仰慕你藥山禪師的名聲，特地來拜訪你，可是，沒有想到，你竟然是這個樣子。這時，藥山禪師呼喚李翱一聲：李翱。李翱聞聲應諾。藥山禪師反問他：太守為何貴耳賤目呢？李翱畢竟是一位知書達禮的文人，他聽了禪師的話，馬上拱手致謝，並且虛心地向禪師請教。

李翱問：什麼是道啊？

藥山禪師用手指天。然後，又指淨瓶。說：雲在青天水在瓶。

李翱當時，疑團頓釋，豁然明心。為此，李翱有偈曰：

練得身形似鶴形，千株松下兩函經。

我來問道無餘說，雲在青天水在瓶。

李翱聞法後，甚為欣喜，又問藥山禪師：什麼是戒定慧？

禪師卻說：我這裡沒有這些閑傢俱。

李翱莫測玄旨。

（按：戒定慧三學，本來是佛法的綱要，是每個人都要奉行不違的，但是，禪宗的特色，直指人心，見性成佛，不拘泥於這些繁瑣名相。藥山禪師為了破除李翱的名相執著，因此，否定了戒定慧三學，藥山禪師要李翱從自心上體認，也就是要李翱從戒體上體認。）

藥山禪師說：太守如果要想保任這事，直須向「高高山頂坐，深深海底行。閨合（私心）中物捨不得，便為滲漏。也就是說，只要心中還有掛礙，就不能超然於物外。唐朝詩人張無盡有頌云：

雲在青天水在瓶，眼光隨指落深坑；

溪花不耐風霜苦，說甚山高海底行。

有一天晚上，藥山禪師登山遊行，忽然間，雲開見月，藥山禪師大笑。藥山禪師的這一聲笑，響徹澧陽東九十里。第二天早晨，當地的居民，相互推尋，昨晚的那一聲笑，究竟是

怎麼回事？後來，迭相推問，問到了藥山禪師這裡。藥山禪師的徒弟們說：這是和尚在山頂大笑。為此，李翱再贈詩曰：

選得幽居愜野情，終年無送亦無迎。

有時直上孤峰頂，月下披雲笑一聲。

可見，禪師的悟境，並不是常人所理解的。以李翱的聰明博學，都無法窺見藥山禪師之見處，更何況一般凡夫俗子呢？禪的境界，原是超塵脫俗的境界，不是語言所能詮釋的。如果以常識去知解禪的境界，就像弄波逐浪，那是徒勞無益的事。要想契悟禪的境界，須假禪定與智慧，直至根塵脫落，才會有個消息。

蘇東坡與佛印禪師

北宋時的大文學家，書畫家，也是佛學修養頗高的大居士，與金山寺的佛印禪師是要好的朋友。蘇東坡與佛印禪師之間，有許多含義深刻的公案，都說明了佛學的修養，是心性上的修養，不是文字上的理解。

有一次，蘇東坡要見佛印禪師，並且事先寫信告知了佛印禪師。蘇東坡要求佛印禪師像趙州禪師接趙王一樣來接待自己。趙州禪師接待趙王的公案是這樣的：

趙州禪師德高望重，趙王非常尊敬趙州禪師。有一天，趙王親自上山來拜謁趙州禪師。趙州禪師不但沒有出門迎接，反而睡在床上不起。趙州禪師對趙王說：「對不起，出家人食素，氣力不足，再加之年紀已老，所以，只好睡在床上接見您了。」趙王聽了，不但毫無慍色，反而更加恭敬，覺得禪師是一位慈祥的長老。回去之後，為了表達內心的敬仰，馬上派遣一位將軍，送禮給趙州禪師。趙州禪師聽說趙王派人送禮來了，於是，趕忙披上袈裟，親自到門口迎接。徒弟們感到莫名其妙，就問道：剛才趙王親自來，師父睡在床上，不去迎接。趙王的部下來了，你反而親自到門口迎接。這是什麼道理呢？

趙州禪師說：你們不懂，接待上等賓客，我就躺在床上，用本來面目與他相見；次一等

的賓客，我就坐起來接見；更次等的賓客，我就用世間的俗套，出門迎接。

蘇東坡以為，佛印禪師將會以最上等的方式來迎接自己——不迎而接。可是，佛印禪師卻跑出寺門來迎接蘇東坡。蘇東坡以為，這下可抓住了佛印禪師的把柄，說道：你的道行沒有趙州禪師高遠，你的境界沒有趙州禪師灑脫。我叫你不要來迎接我，你卻不免俗套，大老遠地跑到寺門來迎接我。

蘇東坡以為，這一回交鋒，佛印禪師一定是屈居下風了。禪師卻回答一首偈子說：

趙州當日少謙光，不出山門迎趙王；

爭似金山無量相，大千都是一禪床。

意思是說：趙州不起禪床接趙王，那是因為趙州不謙虛，而不是境界高；（按：請注意：這不是批評趙州禪師，而是在教化蘇東坡）而我佛印禪師出門來迎接你，你以為我下了禪床了嗎？大千世界都是我的禪床。

有一天，蘇東坡與東林寺的照覺禪師談論「有情與無情」的問題，徹夜不眠，直至黎明時分，蘇東坡頗有所悟，於是，做了一首千古傳頌的偈語，用來表明自己對佛法的感悟：

溪聲盡是廣長舌，山色無非清淨身；

夜來八萬四千偈，他日如何舉似人？

這首偈語主要告訴我們：對佛法有所證悟的時

佛印禪師

候，大自然到處都是法身的現象，溪澗流水，青山翠竹，無一不是法身的顯現。縱然有千言萬語，又怎麼能描述得此番境界呢？超然情懷須親證，千言萬語說不能。若欲通達佛境界，無縛無脫即真情。

還一次，蘇東坡被派遣到江北瓜州任職，與金山寺隔著一條江。有一天，蘇東坡修持佛法，頗有心得，於是，作了一首偈語，用來表達自己對佛法的體悟。蘇東坡寫好了這首偈語，派書僮過江，送給了金山寺的佛印禪師。蘇東坡的偈語是這樣寫的：

稽首天中天，毫光照大千。
八風吹不動，端坐紫金蓮。

這首偈的意思是：我頂禮偉大的佛陀，蒙受佛光的沐浴，我修行的境界，已經不受外界的動搖，無論是面對稱、譏、毀、譽，還是面對利、衰、苦、樂，我都能泰然處之，如如不動，就像佛陀端坐蓮花座上，不為世俗所動。

佛印禪師看了蘇東坡的這首偈之後，拿起筆來，在這首偈語的下面，寫了四個字——放屁，放屁。然後，把這首偈子折好，叫書僮帶了回去。蘇東坡以為，佛印禪師一定會讚嘆自己。可是，打開回信一看，上面寫著四個字——放屁，放屁。蘇東坡心生不快，心想：自己的修行本來是很好了，佛印禪師不但不稱讚我，反而罵我「放屁」，哪有這樣的道理？於是，乘船過江，找佛印禪師理論。

蘇東坡剛一登上岸，就發現佛印禪師早已等在那裡了。可是，佛印禪師就是不提那首偈的事。蘇東坡卻忍耐不住了，於是，就問佛印禪師：「禪師！我們是至交，你怎麼可以出口罵人呢？」

禪師若無其事地說：我罵人來嗎？

蘇東坡說：你在我的那首偈語的下面，寫的那四個字，那不是罵人嗎？

佛印禪師聽後，呵呵大笑，說：哦！原來是如此啊！你不是「八風吹不動，端坐紫金蓮」嗎？怎麼兩個屁就把你打過江來了呢？

蘇東坡恍然大悟，自己的境界，還不是「如如不動」的境界。禪的境界，不是理論上的，而是修養上的。修行的人，如果沒有實際的體證，只是文字上的理解，那是沒有什麼用的。蘇東坡雖然才華出眾，雖然意境很高，然而，不免著相住境，做了境相的奴隸。

從這個禪宗公案我們可以知道，即使像蘇東坡這樣淵博的學問，如果不透過實際地修行，徹底地消除自己的著相戀境的習氣，也是難免會跟著境界轉的。所以，透過禪的修行來開發智慧，增強定力，克服人性中的弱點，確實是一件非常重要的事。

同時，以上這則公案，還告訴我們，「禪」的境界，既不是固守空寂，也不是尋形逐響，禪是活潑潑的智慧之行，正像《六祖壇經》上所說：

大圓鏡智性清淨，平等性智心無病。
妙觀察智見非功，成所作智同圓鏡。
五八六七果因轉，但用名言無實性。
若於轉處不留情，繁與永處那伽定。

蘇東坡文學造詣很高，與高僧往來的公案，歷史上的記載也頗多。

有一次，到了荊南，聽說玉泉禪師駐錫此地，機鋒辯才也很高，便想去試試禪師的悟境。於是，蘇東坡脫掉官服，把自己裝扮成達官貴人，去見玉泉禪師。玉泉禪師看到蘇東坡，便上前招呼說：請問高官貴姓？

蘇東坡運用機鋒禪語回答說：我姓秤，專門秤量天下老和尚。

玉泉禪師聽後，沉默了片刻，然後，大喝一聲。問蘇東坡：請你秤秤我這一聲喝，到底有多重？

蘇東坡啞口無言。

玉泉禪師的這一聲喝，隨生即滅，實不可得，又怎麼秤量它呢？若向這大喝一聲上認取，正是佛家所說的捨本逐末，顛倒妄舉。大喝一聲形相虛，哪裡更覓幻形跡？迴光鑑取聞聲人，歷歷孤明照天地。當時的蘇東坡，也只是向這虛形幻跡上著意，卻未曾識得這個「不生不滅」的覺性光明。

歷史上為什麼會有那麼多的文人崇信佛教呢？這是因為，文人本來就對人生有較多的體驗，本來就對人生有較深的感悟。佛法對人生真諦的闡釋，恰好滿足了他們對真理的追求。佛教的智慧，佛教的妙語，開闊了文人的胸懷。

黃庭堅與晦堂禪師

黃庭堅出自蘇軾門下，詩文書畫的成就很高。黃庭堅，張耒，秦觀，晁補等四人，並稱「蘇門四學士」。由於黃庭堅的詩文字畫的成就很高，與蘇軾齊名，所以，並稱「蘇黃」。

大家都知道，黃庭堅與禪門大德往來密切，他曾經參學於晦堂禪師，可是，參學了很久，就是沒有悟道。

黃庭堅跟著晦堂禪師參禪的時候，晦堂禪師就叫他參一句話：「二三子以我為隱乎？吾無隱乎爾。」這句話是孔老夫子講的。晦堂禪師就讓黃庭堅參這句話。黃庭堅心想：「我是個讀書人，這個意思我還不知道嗎？你怎麼讓我參這個話頭呢？」於是，黃庭堅就對晦堂禪師說：「這句話的意思我還不知道嗎？我知道，這句話的意思是說：你們這些年輕人啊！你們以為我孔丘還有什麼隱藏嗎？我沒有什麼隱藏啊！」

晦堂禪師聽後，就對黃庭堅說：不對。接著，黃庭堅又說了很多意思。晦堂禪師還是說：不對，再說也不對。黃庭堅心想：「我是個儒士，難道連孔夫子的這句話還不懂嗎？晦堂禪師是不是有意刁難我啊？」但是，黃庭堅又一想：「晦堂禪師是五百人的善知識，他座下有五百個學生，這麼一位了不起的大禪師，他不會有意刁難我吧？也許是還有別的什麼意思吧？那麼，又是什麼意思呢？黃庭堅參了好長時間，就是未悟其意。

有一天，黃庭堅與晦堂禪師一同遊山。那時，正是八月桂花盛開的時候。一陣風吹來，飄來一陣桂花香。黃庭堅脫口而出：「好一陣木犀香啊！」木犀就是桂花。這時，晦堂禪師馬上點撥他：「吾無隱乎爾！」意思是，你聞到桂花香的是誰呀？它沒有隱藏啊！它時時在你的六根門頭上放光呀！

「啊！」黃庭堅當下便悟道了。黃庭堅當時，淚流滿面，跪地而拜。晦堂禪師笑著說：「我只不過是讓你到家罷了，恭喜居士終於到家了！」

黃庭堅悟到了什麼呢？並不是理解到了一個道理。在人生修養學的意義上來說，理解了的都不算，因為理解是一種猜測，不是真知灼見。只有藉緣而悟真，才算是真正地明白，禪宗也叫做明心見性。

一個人明心見性之後，是否就是大事完畢了呢？就是真正地到家了呢？不是的。一個人即使明心見性了，他的無始以來的妄想習氣還在，所以，明心見性之後，依然還要下功夫，把無始以來的妄想習氣，徹底消光，這時，才算是真正地到家。

我們的心性，不在別處，就在自己的當下，它沒有任何遮藏，也沒有任何隔斷，時時刻刻在我們的六根門頭上放大光明。我們要認識它，就不要向外求，而是要把外求的心回轉過來，仔細地體會一下，我們的這個見色聞聲的是什麼？我們的這個起心動念的是什麼？在這個地方認識清楚了，就是禪宗所說的明心見性，就是古代文化所說的悟道。

裴休相國與黃檗禪師

唐宣宗時代，相國裴休，出撫宛陵，請黃檗禪師出山，朝夕問法，記錄黃檗禪師行錄，錄成《傳法心要》與《宛陵錄》各一卷。黃檗禪師法嗣十二人，相國裴休是其一。

相國裴休，字公美，河東聞喜人也。

黃檗希運禪師，初住黃檗山時，混跡勞侶，掃灑殿堂。相國裴休，入寺進香，因觀壁畫，乃問主事：是什麼畫相？主事回答道：這是古代的一位高僧的畫相。

相國裴休說：高僧的畫相在這裡，高僧現在到哪裡去了呢？主事不能回答，在場的僧人，皆不能回答。裴休問：在這個寺廟裡，有悟道的高僧嗎？

主事說：最近來了一位僧人，在寺裡隨眾勞作，好像是位禪僧。相國裴休說：可以把他請來嗎？於是，主事馬上招來了黃檗禪師。裴休問：我剛才有一個問題，各位都不肯賜教，我想請上人代酬一語。

黃檗禪師曰：請相公垂問。裴休問：高僧的畫相在這裡，高僧現今在哪裡呢？這時，黃檗禪師喚了一聲：裴休。裴休應聲有諾。黃檗禪師反問道：在什麼處？裴休當下領旨，如獲髻珠。由衷感慨地說：這真是我的善知識啊！這時，大眾莫名其妙。從此以後，裴休把黃檗禪師請入府署，留住供養，行弟子之禮。

在黃檗禪師的指示下，裴休通達了祖師心印。後來，博覽群經，綜觀教相。諸方禪學，都說裴休，不愧出自黃檗門下。

裴休對黃檗禪法，佩服至致，說黃檗禪法，「獨佩最上乘」。裴休對黃檗禪師景仰至致，恨不能朝夕相隨。「會昌二年廉於鐘陵，自山迎至州，憩龍興寺，旦夕問道。大中二年廉於宛陵，復去禮迎至所部，安居開元寺。旦夕受法，退而紀之」，遂成《傳心法要》《宛陵錄》之禪宗精品。

文人學士對於人生的體驗，本來就比常人真切，對於境遇的感悟也比常人深刻，而佛法對宇宙人生的闡明，能夠滿足文人學士對真理的追求。文學本來就是發於中，形於外的性情中事，佛教的人文內容，給文學注入了活力，使文學不流於「無病呻吟，遣辭造句」的文字遊戲，所以，歷來有成就的文人，大都受益於佛教，承載了佛教的那種超然。

第三章　佛教的幾種空觀智慧

在一個鄉村，有一位信佛虔誠的老太太，她聽說念經很有功德，便找了一位教書的老先生教給他念《心經》。老太太學會了《心經》之後，每天都至誠懇切地念誦。有一天，當她念到「無眼耳鼻舌身」這一句時，心裡忽然產生了懷疑，她用手摸摸自己的眼睛，拉拉自己的耳朵，再動動自己的鼻子，於是，她感到很納悶：眼睛、耳朵、鼻子明明有，《心經》上怎麼說「無眼耳鼻舌身意」呢？

於是，趕快跑去找教書老先生，指著自己的眼睛，問道：先生！這是什麼啊？

老先生回答道：這是眼睛啊！

老太婆又拉拉耳朵問道：這是什麼？

老先生奇怪地說：耳朵啊！

老太婆又指指鼻子，問道：這又是什麼？

老先生有點不耐煩了，說：這是鼻子啊！

老太婆道：對啊！《心經》上說「無眼耳鼻舌身意」，可是，眼睛、耳朵、鼻子，都明明在啊！

教了幾十年書的老先生，面對這一問，竟然被問得瞠目結舌，無以作答。

我們明明有「眼耳鼻舌身意」，為什麼《心經》上卻說「無眼耳鼻舌身意，無色聲香味觸法」呢？難道《心經》的作者就沒有「眼耳鼻舌身意」嗎？如果他沒有「眼耳鼻舌身意」的話，他又怎麼能夠說出《心經》的道理呢？

要明白這一問題，就要我們證悟到這個無相心體。當我們證悟到了這個無相心體的時候，我們就會發現：在這個無相心體之中，哪裡更有什麼真實不虛的物相呢？所以六祖慧能說，「**本來無一物，何處惹塵埃？**」所有的現象，都是這個無相心體中的現象，如夢幻泡影，如露亦如電。所以假名為「無」。這個「無」，並不是俗情所說的「無」。俗情所說的「無」，是有無相對的「無」。佛教所說的「無」，是包含著有無的「無」，是包含著萬法的「無」。如果一個人還沒有證悟到這個本源真性——無相心體，他是無論如何也想像不出這個「無眼耳鼻舌身意，無色聲香味觸法」的境界的。

佛教中所說的幾種空觀

人們對佛家的「空觀」是有很大的誤解的，甚至有些信仰佛教多年的人，也未能對佛家的「空觀」有一個正確的認識，更沒有一個如實的體證。現在，我們把「空」觀分為五種，逐一進行分析，以使人們清楚地認識到佛家的「空」義。

（一）頑空。

就是我們平常人所說的空有相對的「空」。譬如一個房間裡放了東西，人們便說這是「有」。當把房間裡的東西搬出之後，人們便說這是「空」。這個意義上的「空」，就是空有相對的「空」。其實，空有相對的「空」，並不是真正的「空」，因為「空」同「有」一樣，也是一種現象。如果人們把佛家所說的「空」，理解成這樣的一種「空」，那就是一種誤解。如果依照這樣的「空」觀來信仰佛教，那一定是一種消極的人生態度，是不符合「即世而超然，超然而即世」佛家大智慧的。

宋朝的蘇東坡，學佛多年，悟性甚高，與佛門高僧往來甚多，尤其與佛印禪師，更是交往密切。

鎮江有個金山寺，佛印禪師就住在金山寺。金山寺裡有個鎮山的法寶，就是蘇東坡的玉帶。這條玉帶是用金絲線，把一塊一塊的方玉串起來而成的。這條玉帶是怎麼留在金山寺的呢？這其中有個典故。

一天，佛印禪師要登壇說法，蘇東坡聞訊前來。當蘇東坡來到金山寺的時候，已經是座無虛席，沒有空位了。佛印禪師說：「大學士，你看，人都坐滿了，這裡已經沒有您的座位了。」

蘇東坡一向好與佛印禪師調侃，馬上就說：「既然沒有座位了，那我就用您老和尚的四大五蘊之身當座位。」

佛印禪師說：「大學士！我有一個問題問你，如果你能答得出來，那麼，我老和尚的身體就當你的座位；如果你答不出來，那麼，你身上的那條玉帶，就要留下來，做為我的鎮山之寶。」蘇東坡自命不凡，以為可以穩操勝券，於是，就答應了。

佛印禪師問道：「四大本空，五蘊非有，請問學士，你要坐在哪裡呢？」蘇東坡想：四大是空的，五蘊本來沒有，一切都沒有，那麼，我坐在什麼地方呢？想來想去，一時答不上來。佛印禪師對小和尚說：「來呀，把大學士的玉帶解下來。」於是，蘇東坡的玉帶，就被留在了金山寺。佛印禪師回贈蘇東坡一件雲山衲衣。當時，蘇東坡還為這個公案寫了一首偈：

百千燈作一燈光，盡是恆沙妙法王。
是故東坡不敢惜，借君四大作禪床。

病骨難堪玉帶圍，鈍根仍落箭鋒機。
會當乞食歌姬院，奪得雲山舊衲衣。
此帶閱人如傳舍，流傳到我亦悠哉。
錦袍錯落猶相稱，乞與佯狂老萬回。

當時的蘇東坡，未能證悟「空有不二」之境，未能證悟「色空不異」之境。蘇東坡認為，空就是空，有就是有，而不知「色即是空，空即是色」。所以，他輸卻了玉帶。

（二）斷滅空。

有人認為，佛教裡所說的「空」，就是捨棄一切，放棄所有，閉目塞聽，把世間財色名利，視為洪水猛獸。這一類的人，用功入定，住於寂滅，迴避現實，不符合佛教的大智慧。

在大乘佛教看來，棄有著空的定，是一種死定，不是活潑靈動的大智慧。大家都知道，梁武帝是一位信佛的皇帝，然而，他有佛教情節，卻無真知灼見。

有一天，梁武帝與志公禪師遊山，在山上見到一位老修行，坐在那裡，紋絲不動，好像是入定好好長時間了。梁武帝甚為驚奇，心想：我身邊的這位國師——志公禪師，成天與我嘻嘻哈哈，哪裡有個入定的樣子，我得讓志公禪師與這位老修行比試一下，看看誰的定力

高。遂令眾宮女，裸體與二位禪者沐浴。

最初，老修行尚且還能視聽自如，接著便是閉目不看，再往後，閉目不看也受不了。最後，不得不推開眾宮女，逃走去矣。再看志公禪師，言笑自若，根本無事。若不是證悟大道的人，豈能有如此定力！可見，最高的定境，不是壓念不起，而是在現實人生的無住無著。

禪宗史上還有一則記載。過去有一婆子，搭了一個庵子，供養了一位僧人。多年之後，婆子心想：我供仰了他這麼多年，也不知他修行得怎樣了。於是，婆子讓一位妙齡侍女前去送飯。

婆子囑咐侍女道：送去飯之後，抱住這個僧人，然後，你問問他：「正那麼時，感覺如何？」看他說些什麼，回來告訴我。婆子是要考驗一下這位僧人，看他是否轉動得靈活自如。

侍女把飯送到，然後，抱住這位僧人，問道：「正那麼時，感覺如何？」這個僧人回答道：「枯木倚寒岩，三冬無暖氣。」也就是說，沒有什麼感覺，就像一段枯死的樹木，在三九嚴寒的冬天，又靠在了一塊冰冷的岩石上。

這位僧人能夠「坐懷不亂」，堪稱定力超人，但是，修行的路子卻走錯了。他不在明心見性上下功夫，而是住在了「斷滅空」裡。「正那麼時」，心光朗照，了了常明，動用如常，怎麼是「枯木倚寒岩，三冬無暖氣」呢？如果一個人的心靈狀態，沒有一點生機，就像「寒岩枯木」那樣，那又怎樣隨緣教化眾生呢？那又怎樣展現佛家的大智慧呢？

在大乘佛教的境界上來看，死寂不動的心靈境界，依然是修行的岔路，也是《楞嚴經》中所說的五十種「陰魔」之一。所以，送飯的女子回來之後，把事情的經過原原本本地告訴了婆子，婆子聽後，大罵這僧人道：「我二十年來，只供養了個俗漢！」於是，趕走僧人，燒毀庵子。這婆子卻是個有眼目的人。

（三）析法空。

析，即分析，層層地剖析。法，即事物，或稱現象。析法，就是分析事物，分析現象，把它們一層層地剖析開來，一分為二，二分為四，四分為八，一直分析下去，分析到最後，達到所謂的「臨近虛空」。在「臨近虛空」這個層面上，沒有任何實際存在的事物，一切皆空。這種析法空的方法，實際上是運用物理學的方法所獲得的一種「空」觀。運用這種方法，所獲得的「空」觀，其實，也不是真正的「空」。運用析法空的觀念，影響我們對待世間相的態度，使我們放棄對虛幻現象的執著，這對於心性修養的某一個階段來說，也是可以借鑑的，然而，這種「析法空」，卻不是最後的那個「真空含妙有」的「空」。

（四）體法空。

體，就是體會。體法空，就是體會到一切現象，外而客觀現象，內而主觀現象，都是剎那生滅的。過去的已過去，不可得。未來的還未來，更不可得。當下的不停留，剛說現在，已成過去，也不可得。所以，修習體法空的人，在他們的眼裡，一切事物都是剎那生滅的，都是不可得的。這是還未登地的大乘菩薩所修的方法。他們雖然知道，一切現象都是剎那生滅的，都是不可得的，然而，他們卻未曾見到，一切現象都是無相心體的顯現，無相心體才是一切現象的本源。無相心體，本來一塵不染，無相心體，本來齊含萬相。所以，還未悟得無相心體的大乘菩薩，雖有「色即是空」的見解，然而，他們依然還沒有證悟到「萬法的本源」，仍有「偏空之見」。

（五）妙有真空。

妙有，也就是說，我們的心體，隨緣能起種種妙用，見色聞聲，思物想事，一切事相，皆是我們的無相心體所顯現出來的。真空，也就是說，我們的無相心體，猶如明鏡，本來就是空的。鏡子裡有再多的影相，這個鏡子也是空的，也是一物也無的。我們的無相心體也是這樣。雖然一物也無，然而，不妨隨緣現相。如實地體證到這個心體與法相的統一，如實地發揮我們的心體的妙用，就是人生的大智慧，也是佛教的究竟了義之處。萬法歸宗，只歸「心」宗。若另有所歸，即是心外求法。心外求法，即是外道。

佛教文化的真正用意，就是要讓人們如實地認識自己。這個「自己」，不是指人們的四大色身，也不是指人們的思想觀念，而是指人們的能生萬法的「無相心體」。在佛教裡，這個「無相心體」，就是佛教裡所說的每個人都具有的「如來智慧德相」。釋迦牟尼佛在菩提樹下悟道之後，由衷地感嘆道：「奇哉！奇哉！此諸眾生，云何具有如來智慧，愚癡迷惑，不知不見？我當教以聖道，令其永離妄想執著，自於身中，得見如來廣大智慧，與佛無異。」這就是說，釋迦牟尼佛與大地眾生，同具這一「無相心體」。佛的無相心體，不比眾生多一點；眾生的無相心體，也不比佛少一點。人人都有這個無相心體，識得這個無相心體就是佛，迷卻這個無相心體就是眾生。佛要度眾生成佛，就是要使眾生如實地識得這個「無相心體」，如實地用得這個「無相心體」。除此之外，並無別目的。

我們可以再舉幾個例子來說明。譬如，一面鏡子，鏡子裡面總是有鏡相的，我們把鏡面朝下，鏡子裡面就會有下面的影子；我們把鏡子朝上，鏡子裡面就會有上面的影子；甚至我們把鏡子包裹起來，鏡子裡面也會有包裹它的那個物的影子；即使我們把它放在沒有一絲光線的地方，鏡子裡面也會有黑暗的影子。要想讓鏡子裡面沒有影子，那是絕對辦不到的。我們的「心」也是這樣。可是，我們只知道「心」中的影子——反映、

思想、情感等等，然而，我們卻不知道「心」這面鏡子，所以，糊塗的人，迷卻這面鏡子，捕捉鏡中影子，這就是「認幻當真」「捨本逐末」，佛教也稱之為「顛倒」。

小乘佛教中的聲聞、緣覺，還沒有證悟到「真妄不二，體用一如」的真如實相，所以，他們總是想方設法，試圖把這面「心鏡」藏起來，使其免受塵世的污染，結果，進入了寂滅無想的境界。他們不知道，這種寂滅無想的境界，也是「心鏡」中的一種「影子」，就像拿塊黑布包住鏡子，鏡子裡也不是沒有了影子。捨有取空的這種禪定實踐，只能算作修行的某一階段上的事，而不是佛家的大智慧。這樣對待鏡子，鏡子就失去了它作用。這樣對待自己的心靈，自己的心靈也就失去了它的作用。只有讓我們的心靈，隨緣起妙用，這樣，才是佛家所說的大智慧。

空心含萬相，一塵亦不染

我們要想獲得佛家所說的那種大智慧，首先就要返過來認清我們自己，佛家謂之明心見性。只有在這個基礎上，才能談得上開發我們的大智慧。要想明心見性，就要從我們的無相心體的作用上，返觀我們的無相心體，真正地證悟到這個無相心體。明心見性之後，所呈現給我們的這個境界，就是「真空妙有」的境界，就是大智慧的境界。在這個境界上，說「有」說「無」，都不足以表達它的實際，所以，佛家就用「真空妙有，妙有真空」來描述它。真空不空，妙有非實。在這個境界上，本來無縛無脫，所以，不求解脫而自解脫。這當下的「以『心』為本位的心物一元的境界」，就是佛家所說的大智慧的境界。

未曾識得「真空妙有」境界的人，迷惑於虛幻的假相（生生滅的現象），糾纏於虛幻的假相，以至於忽視了見色聞聲、起心動念的主人公。主人公是常住而不去的，就像豪華賓館裡的主人，今日在，明日還在。客人是有來有往的，就像豪華賓館裡的客人，今日來，明日便走。依此而觀之，我們的心靈所顯現出來的一切現象——色（客觀現象）、受、想、行、識（主觀現象），都是生生滅滅、來來往往的客塵，而我們的心靈（無相心體），它卻是不來不去的主人公。

我們的心靈，就是我們的如來。我們的思想，就是我們的猴心（在《西遊記》裡，以孫猴作為象徵）。我們的思想（猴），豈能出得了我們自己的心靈（如來）。我們的胡思亂想，從地下想到天上，從天上想到地下，全都是在我們自己的心靈中。心靈是思想的生滅處，如來是孫猴的本來面。師徒五人，千里迢迢，艱難險阻，見佛取經，其實，也是自己心靈中的事。所謂見佛，也不是見別人，而是明心見性。取經，也不是取文字經典，而是取那個「無字真經」。（我們的無相心體，無形無相，它才是佛教裡所說的真經。）師徒五人，在回來的路上，僧還是僧，猴還是猴，豬還是豬，魚還是魚，即使那條白馬，也得恢復它的本來身。所以說，雖然已經悟道（明心見性），然而，不改舊時面。各位各位，多位一體，這就是我們的心靈的實際。各就各位，就是妙用不廢。多位一體，就是盡歸一心。所以說，佛家文化不是「空無寂滅」的，而是「妙用無住」的。這種妙用無住，這種生生不息，就是佛家所說的大智慧。

佛法不是要消滅我們的猴心，（思慮攀緣，聰明的那一面。）而是令它悟空，不著幻相。（悟得真空者，空而含妙有，這樣才是真「悟空」。）佛法也不是要消滅我們的豬心，（食色性也，人情化的那一面。）而是令它八戒，遵道而行。佛法也不是要消滅我們的龍心，（天馬行空，傲氣十足的那一面。）而是要使它經歷一番胯下白馬之約束，消除它天馬行空的傲氣。

如果我們不約束我們的猴、豬、魚、龍、馬等秉性，而是讓我們的猴心任意攀援，讓我們的豬心任意食色，讓我們的魚心任意遊蕩，讓我們龍心任意翻騰，讓我們馬心任意奔馳，那麼，我們的心靈世界，就一定會天下大亂的。所以，人們要時時規範自己心中的猴、豬、魚、龍、馬等不規範的心理活動，降服我們心中的貪嗔癡慢疑等妖魔鬼怪，使我們的心靈世界，天下太平。

我們的心靈世界中的色受想行識，本來就是我們的心靈的現象，我們看不透它們的剎那生滅的本性，因此，我們丟棄自己的本位，捕風捉影地去追逐它，領受它，思想它，並付諸於行動去佔有它。只要是有了行動，就會有得失成敗。只要是有了得失成敗，就會有得意與失意。只要有了得意與失意，就會有得意忘形與失意忘形。這樣地「棄本（心）逐末（相）」，不是佛家所說的大智慧。

為什麼這樣說呢？這是因為，棄本逐末的人，沒有認清萬法的本源，等於是忘了鏡子，而去捕捉鏡子中的影子。等於是忘了大海，而去追逐大海中的浪花。影子豈能捉得住？浪花哪得恆長久？心鏡性海含萬相，不取不捨本自有。「滾滾長江東逝水，浪花淘盡英雄。」倒不如那穩坐青山的老仙翁，將個大江濤濤一時收。只要我們體證到了這個心性大海，那麼，生生滅滅、千姿百態的浪花（世間萬相），則無一不

是我們自己。

世人「認幻為真」，二乘「認幻為假」。認「真」認「假」，皆是兩端上著意，不是「中道了義」（「中道」不是「中間」），不是般若智慧。為什麼這樣呢？這是因為，世人執著於五蘊幻相，結果，被「五蘊幻相」所繫縛，不得自在。二乘人執著於「空定寂滅」，結果，被「空定寂滅」所繫縛，也不得自在。

佛教在講小乘佛教的時候，乃至於講一切大乘佛教的時候，都是以「空」為主要內容。譬如小乘佛教的「苦集滅道」之教，「十二因緣」之教，大乘佛教的「夢幻泡影，空花水月」之教，這些教理，都有偏「空」的價值取向，都有出世的價值取向。佛教為什麼會採用這樣的方法呢？這是因為世人著相的緣故，所以，佛教就用「空無」之法來加以對治。

也就是說，世人執著於世間的金錢、地位、美色，所以，佛教便說這些世間相是假的，是苦的。同時，佛教又給人們指出了一個更具誘惑力的地方，那就是超越了六道輪迴的彼岸世界。佛教就是這樣，藉助於人們潛意識中的超生脫死的美好願望，逐步地推進人們的自我修養的進程，以達到那種「即世而超然，超然而即世」的大智慧境界。

到底有沒有佛教裡所說的那個彼岸世界呢？如果沒有的話，佛教裡所說的那些話，不就成了妄語了呢？答曰：不是妄語。為什麼說不是妄語？這是因為，佛教文化，就像寓言一樣，「故事裡面有故事」「顯意裡面有密意」。如果我們透過佛教文化的表面現象，深入到它的「故事裡面的故事」，我們就會發現，佛教裡所說的「彼岸世界」，是有其真實所指的。愚迷就是此岸世界——被幻相牽著鼻子走。智慧就是彼岸世界——安住當下轉萬相。從愚迷的此岸，到達覺悟的彼岸，只須在心靈上一轉，不須從這裡跑到那裡，更不是從宇宙的這個角落跑到宇宙的另一個角落。愚迷的人跑到那裡也是愚迷，就像戴著墨色眼鏡的人，他無論跑到那裡，他的那個天下，也是墨色的。

佛家有一句名言，那就是「放下」，也就說把心靈上的那副有色眼鏡放下，把心靈上的一切執著統統放下，即使這個「放下」，也要放下。放到無可再放時，這當下所呈現的，就是一個清淨光明的彼岸世界，也是佛教裡所說的淨土世界，也是佛教裡所說的彼岸世界。所以說，彼岸世界，不是離開我們的現實世界的另一個世界，而是我們覺悟了的心靈世界。

因緣所生法，佛說即是空

有一部《佛說老女人經》，記載了一個年老的女人向佛陀問法的故事。老女人所問的問題，也是我們很困惑的問題。

有一天，一位貧窮的老女人，來到了佛陀面前，向佛陀頂禮，然後問佛：我想問一些問題，不知可以嗎？

佛陀說：好呀！你可以問任何問題。

老女人問：生從何來？去至何所？老從何來？去至何所？病從何來？去至何所？死從何來？去至何所？色、痛癢、思想、生死、識，從何而來？去至何所？眼、耳、鼻、口、身、心從何來？去至何所？地、水、火、風、空，從何而來？去至何所？

佛陀說：善哉！你問得很好。生無所從來，去亦無所至；老無所從來，去亦無所至；病無所從來，去亦無所至；死無所從來，去亦無所至；色、痛癢、思想、生死、識，無所從來，去亦無所至；眼、耳、鼻、口、身、心，無所從來，去亦無所至；地水火風空，無所從來，去亦無所至。諸法皆如是，譬如兩木相揩，火出還燒木，木盡火便滅。

佛陀說了這個答案之後，又反問老女人道：火是從哪裡來的？又往哪裡去呢？

老女人回答說：因緣合，便得火；因緣離，火便滅。

佛陀說：對了，一切世間的相法，也是這樣。因緣和合而成，因緣離散而滅；法亦無所

從來，去亦無所至。這就像眼睛看見東西就生出意念，意念和東西都是空的，並沒有所謂的來處，也沒有所謂的去處。

接著，佛陀又解釋說：譬如一面鼓，不是一個東西就叫作鼓，有了鼓皮，有了撐鼓皮的木頭，還有人拿著鼓槌，那麼一鼓，就有了聲音。其實，這鼓聲的本質是空的，為什麼呢？這是因為，鼓聲不是從鼓皮出來，不是從鼓木出來，不是從鼓槌出來，也不是從人的手裡出來，而是因緣和合而有，因緣離散而滅。

人生中的各種現象，都是因緣合和而成，因緣離散而滅。對於人生中的各種現象，我們不可執著於它是「有」，因為它也會「因緣離散而滅」的。我們也不可以執著於它「無」，因為也是「因緣合和而有」的。只有不著於「有」，也不著於「無」，在「有」「無」之中，任運無礙的人，才是真正的具有大智慧的人。

對於一個年長者來說，昨天孩子還是在上中學，轉眼之間，孩子就大學畢業了。又一個轉眼之間，孩子又有了孩子，可見，世態的變化，只是在這一轉眼的功夫。老者翻開自己的相冊，當年的那個樣子，究竟到哪兒去了呢？回首人生的幾十年，也就在這一念之間，所以佛教裡說「一念三千，三千一念」。一個有智慧的人，對於眼前的一切，只是「隨緣運用，過而即休」而已。

關於一休和尚，有很多故事，其中一則，就說明了「因緣合和而有，因緣離散而滅」的道理。在一休小的時候，他的師父要出門，於是，就吩咐大家，要管好廟裡的事情，要好好地用功修行。師父出門後，一休便待不住了，就去找他的師兄玩。到了方丈室裡，一休發現他的師兄在那裡哭。

一休問：你哭什麼？

師兄說：不得了了，我惹大禍了。

一休說：我們是學禪的，不能哭啊！

師兄說：你不知道，我不小心，把師父喜歡的瓷瓶給摔碎了。師父要是回來，我可就沒法過日子了。

一休說：唉！你別哭了，你把這個東西交給我，就說是我摔碎的。

師兄說：算你摔的，那我怎麼報答你呢？

一休說：沒關係，我不用報答。

一休把摔碎的瓷瓶包在一塊，放在自己的口袋裡。

師父回來了，問一休：我出門這幾天，你在家修行還用功吧？

一休說：我一天到晚，都非常專心地參禪。

師父問：你參的是什麼問題呀？

一休說：我在參：到底有沒有一個人可以不死？

師父說：哪有人不死的呀？一切都是無常的啊！

一休說：啊！是這樣啊！師父，人都是要死的。那麼，有沒有不壞的東西啊？

師父說：一切東西都是要壞的，緣聚而生，緣散而壞。

一休說：噢，是這樣啊。這樣的話，我們喜歡的東西，也是要壞的喲。如果它壞了，我們就不應該傷悲，師父，你說對嗎？

師父說：對呀。

一休說：師父，這兒有一個「緣散而壞」的東西。一休拿出了那包瓷瓶的碎片。師父知道詳情之後，沒有發脾氣。

一切世間相，皆屬「因緣合和而有，因緣分散而滅」，即是釋迦牟尼佛的「相好莊嚴」，也是「因緣合和而有，因緣分散而滅」的。所以佛教裡說，「不可以三十二相見如來」，「三十二相即是非相。」

我們所感受到的一切客觀事物，包括我們所感受到的一切心理現象，都在時時刻刻地生滅變化著。變化著的每一事物，各有自己的內因外緣，也各有自己的前因後果。宇宙萬有，生滅變化，互相聯繫，在佛教裡就叫做「因緣所生法」。所謂因緣所生，也就是在一定的條件下而生，又在一定的條件下而滅。所以說，一切事物皆有其「成、住、壞、空」這四個階段。對於動物來說，也包括我們人類在內，都會有「生、老、病、死」四個階段。對於我們的心理現象

來說，也會有「生、住、異、滅」。這一連串發生、形成、變異、消亡的過程，在佛裡就叫做「諸行無常」。這裡所說的「行」，就是指一切現象的生滅變遷。既然一切事物都是生滅變遷的，那麼，一切事物就都不是永恆的。既然不是永恆的，那麼，就叫做「諸行無常」。所以，在佛教看來，一切事物都是「因緣合和而生，因緣分散而滅」的，都是生滅無常的，所以佛教裡又說，「凡所有相（現象），皆是虛妄（生滅）」。

任何現象都是生滅的，而不是永恆的，在中國哲學裡，就叫做生生不息。其實，生生不息的另一面，就是滅滅不已。世間的現象，永遠是這個樣子，所以《金剛經》上說，「於法不說斷滅相」，《妙法蓮花經》也上說，「是法住發位，世間相常住」。這就是佛法對於宇宙人生的總概括。

欲知佛境界，當人須親證

佛教並不是不讓人們想問題，相反，對於大乘佛教來說，閉目塞耳，壓念不起，這是一種錯誤做法，禪宗把這種「閉目塞耳，壓念不起」的做法，稱之為「黑山背後鬼窟裡作活計」。也就是說，把閉上眼睛，不動心念，這不是真正的佛法。那麼，佛家的禪定靜坐，又如何解釋呢？答曰：佛教的禪定靜坐，只是為了對治人們的散亂心，使人們把心安靜下來，為「明心見性」創造一個適宜的內心環境。

佛教的禪定，有九層次第。（色界四禪：初禪、二禪、三禪、四禪；無色界四定：空處定、識處定、無所有處定、非有想非無想處定；再加上「四禪八定」之後的「滅受想定」，共計九地定。）從初禪，一直到「滅受想定」，每一個層次上的「定」，都只是一種內在的「定境」，而不是萬法的本源。

在六祖慧能那個時代，有一個叫臥輪的禪師，曾經作了一首偈，說明自己的修行，他的這首偈說：

臥輪有伎倆，能斷百思想。
對境心不起，菩提日日長。

六祖慧能聽了這首偈，就知道臥輪禪師沒有開悟，於是，也作了一首偈，用來糾正臥輪禪師的偏差。六祖慧能的偈是這樣說的：

慧能沒伎倆，不斷百思想。

對境心數起，菩提作麼長？

「慧能沒伎倆，能斷百思想」，也就是說，慧能不採用任何方法，也不斷除任何思想。如果我們斷除了思想，那麼，我們還有什麼用處呢？佛法是「隨緣應用」的，怎麼可以運用伎倆，把思想斷除掉呢？「對境心數起，菩提作麼長？」，也就是說，我們要「應緣接物，隨緣起用」。儘管我們隨緣起用，然而，我們的菩提心，它是「不增不減、不生不滅」的，我們的菩提心，怎麼會有增長呢？

禪宗還有一則公案，也說明了佛家的大智慧，是靈動活潑的，而不是死板不動的。

過去有一位禪師，人稱香嚴智閑禪師。

有一天，香嚴禪師問大眾：如果有一個人，在千尺懸崖之上，口銜樹枝，腳無所蹋，手無所攀。在這個時候，忽有人前來請問佛法。這個千尺懸崖上的人，如果開口給人講法，他就會喪身失命。如果他不開口給人講法，他又違背了普度眾生的本懷。正當這個時候，他應該怎麼辦呢？大眾皆無言。

這個公案說明了什麼呢？佛法是不可以住著在「某一點」上的，若有所住著，就不能「隨緣自在」了。這個「在千尺懸崖之上，口銜樹枝，腳無所蹋，手無所攀」的人，就像住著在「百尺竿頭」的人，他是不能「隨緣自在」的。要想隨緣自在，就必須一法不住。

這到底是一個怎樣的境界？這不是一個可以口耳相傳的事。這其中的道理，就像以下這則小故事所說的那樣。

在某一熱帶地區，有一所小學裡的語文老師，努力地給兒童說明「雪」的形態，但是，不管他怎麼說，兒童也不能明白。

老師說：雪是白的東西。

兒童就猜測：像鹽一樣。

老師說：雪是冷的東西。

兒童就猜測：雪是像霜淇淋一樣。

老師說：雪是粗粗的東西。

兒童就猜測：雪像沙子一樣。

最後，到了考試的時候，老師出了一個做文章題——「雪境」，結果有幾個兒童寫成這樣：「雪是像鹽一樣的沙子，味道又冷又鹹。」老師無法把自己見過的「雪境」傳給學生，禪者也無法把自己證悟的境界傳給別人。佛教裡有一首小豔詩，這樣寫道：

金鴨香銷錦繡幃，笙歌叢裡醉扶歸，

少年一段風流事，只許佳人獨自知。

在禪宗，還有一首偈，也說明了「無思無想」，不是佛法的真義，而是修行一個誤區。這首偈是這樣說的：

百尺竿頭不動人，雖然得入未為真。

百尺竿頭須進步，十方世界是全身。

試問：何是這百尺竿頭？已經到了百尺竿頭，又如何更進步呢？十方世界現全身，這又是什麼境界？在佛教文化裡，這都是有著實際內涵的。現在，我們不妨作以理性地分析。

「百尺竿頭住的人」，也就是遠離了塵世，遠離了顛倒妄想，住在了清靜的境界上。譬如一個人，專心念佛，心無旁騖，在他的心裡，什麼事情都沒有了，不但沒有了俗情妄想，也沒有了佛情妄想，在這時，只有他念的那一句「阿彌陀佛」。當一個人的念佛境界，達到了這樣的一種境界的時候，就是「百尺竿頭」的境界。

對於佛家的大智慧來說，「百尺竿頭」的境界，還不是究竟徹底的大智慧，所以說，「百尺竿頭須進步」。只有把「百尺竿頭」一點也打破了，一點點也不執著了，真正地做了隨緣自在，這就是「十方世界現全身」。在在處處，無非自己。這種境界，就是「十方世界現全身」的境界。

一個人要想真正地達到這個境界，就必須親修實證。否則，皆屬於猜想梨子的滋味。這樣的猜想，即使有理有據，也是無有實際的。

我們的語言所傳遞的，就是我們每一個人的具體經驗。只有交流的雙方具有大致相同的經驗，才能實現相互間的交流。沒有大致相同的經驗，就不能實現交流。對於沒有禪定經驗的人，也是無法向他說明禪定體驗的，對於沒有證悟無相心體的人，也是無法向他說明無相心體的。心靈的境界，覺悟的境界，又如何向人說得清楚呢？所以，我們必須透過心靈的實踐，才能獲得對無相心體的證悟。

禍兮福所倚，福兮禍所伏

世界上所有的事物，都是有其兩面性的，有其生，必有其滅；有其來，必有其去；有其得，必有其失，等等。世人難見其中的奧妙，因此，只追求貪心的滿足，忽視了其中的禍患。這些禍患，既包括身體上的，也包括精神上的。為什麼這樣說呢？這是因為，凡事皆有其前因，也必有其後果，前因後果，相互關聯，絲毫不差。這也是符合唯物主義的。

在《大涅槃經》裡，佛陀給迦葉尊者講了這樣一則寓言：

有一位非常美麗的女人，她的皮膚，白淨得沒有一絲瑕疵，她的五官，端正得人間難以見到，她用最上好的瓔珞來裝飾自己，然後，走進一家人的屋子。

主人看了，非常喜歡，就問這位漂亮的女人：你叫什麼名字，家住在哪裡？

女人回答說：我就是功德大天。

主人問：那麼，你所到之處，都做些什麼事呢？

女人說：我所到之處，能給人帶來金、銀、琉璃、玻璃、珍珠、珊瑚、琥珀、車磲、瑪瑙、象、馬、車、乘、奴婢、僕役等等財富。

主人聽了，非常歡喜，心裡暗想：我是一個有福德的人，才能感得功德大天來到我家。

於是，主人燒香散花，恭恭敬敬地供養這位女人。

就在這個時候，主人又看到了另一位女人，正站在門外，她長得非常的醜陋，衣裳也破爛不堪，沾滿了垢膩與塵埃，她的皮膚又皺又裂，顏色灰敗蒼白。

主人見到了這一位女人，覺得非常的奇怪，世界上怎麼會有這樣醜陋的女人呢？於是，主人就問這個醜女人：你叫什麼名字？家住在哪裡？

醜女人說：我的名字叫黑暗。

主人問：你為什麼叫黑暗呢？

醜女人說：我所到之處，能使那裡的財寶消耗殆盡。

主人聽了非常生氣與厭惡。於是，跑進屋裡，拿出一把利刀，威脅那位醜女人說：你趕快走開，如果不立刻走開，小心我殺了你！

醜女人回答道：你真是太愚癡了，一點智慧也沒有。

主人說：你為什麼說我愚癡？沒有智慧？

醜女人說：剛剛進入你家的那個女人，就是我的姐姐。我和我的姐姐，是行止共俱，形影不離的，你如果要趕我走，我姐姐也會和我一起走的。

主人聽了不太相信，為什麼兩人的相貌有這麼大差異呢？又是這樣的形影不離呢？於是，主人跑進屋裡，問功德天：外面有一個女人，自稱是你的妹妹，是真的嗎？

功德天說：是真的。我和這個妹妹感情很好，如同形影，不可分離。我們一起到人家裡，我作利益，她作損耗。愛我的人，也應該愛她，恭敬我的人，也應該恭敬她。

主人聽了之後，說道：如果每一件好事，都與壞事相連，那我寧可好事壞事都不要，請你們走吧！

那兩個女人就站了起來，一前一後相隨而去。主人看著她們的背影，心裡感到非常平靜，非常歡喜。

佛陀在給迦葉尊者講這個寓言之前，就已經加上了一個注解，佛陀說：「迦葉！世間眾生，顛倒覆心；貪著生相，厭惡老死。迦葉！悟了道的菩薩，有大智慧，觀其初生，已見老死。」這則寓言正是說明了：有生就有滅，有得就有失，世間一切相，無不盡如此，這正是老子所說的「禍兮福兮之所倚，福兮禍兮之所伏。」

第四章　佛教的幾種般若智慧

「般若」是梵文的音譯。由於「般若」二字，其義極廣，內涵極深，所以，在中國文化裡，找不到一個相應的概念來表述它。即使把「般若」翻譯成「智慧」，或者是翻譯成「大智慧」，那也是不盡其義的。為了尊重原義的緣故，所以，當時在翻譯佛教經典的時候，就採用了音譯的方法。要想全面地解釋「般若」二字的含義，就必須採用注釋與講述的方式。如果我們給「般若」一個注釋，那麼，它的含義大致應該是這樣的：「世間法與出世間法圓融不二的大智慧。」對「般若」作這樣的解釋，是比較接近「般若」這一概念的原義的。

我們平常所說的聰明才智，屬於世間智。所謂世間智，就是世間的智慧，譬如，知道是非好壞，善惡美醜，能夠邏輯推理，發明創造，能夠應緣接物，應酬人事，等等，這些都屬於世間智的範疇。所謂出世間智，就是不受世間相所纏繞，不受世間相所污染，這就是出世間法。在世間而不受世間所污染，世間法與出世間法，圓融不二，這就是佛家所說的般若智慧。

可以說，般若智慧，是包含萬法而又超然於萬法的大智慧。佛教裡所說的這種大智慧，可以分為五個方面來解釋。第一，實相般若，第二，境界般若，第三，文字般若，第四，方便般若，第五，眷屬般若。這五個方面的般若智慧，都是離不開我們的無相心體的。

實相般若

實相般若就是形而上道。這個道體，並不是我們的心外之物，其實，它就是我們的無相心體，就是佛教裡所說的人人都有的「如來智慧德相」。佛教裡所說的「悟道」，就是證悟這個「無相心體」——「如來智慧德相」，證悟這個「無相心體」，就是禪宗所說的「明心見性」。這個「無相心體」——「如來智慧德相」，是我們的一切聰明才智的本源。我們的聰明才智，是這個「無相心體」的現象。證悟到了這個「無相心體」，就叫做獲得了「實相般若」。

對於「無相心體」的證悟，不是靠我們的思維想像所能辦到的，所以說，佛法是不可思議的。這是因為，思議出來的那個樣子，都不是佛法的真義。譬如，人們依據佛經，想像出天堂是怎樣的，想像出地獄是怎樣的，想像出諸佛菩薩是怎樣的，其實，凡是想像出的，都不是真實的。為什麼呢？這是因為，某甲想像出的天堂地獄的那個樣子，是某甲唯心所造的；某乙想像出的天堂地獄的那個樣子，是某乙唯心所造的；乃至於所有的人，也都是如此。既然是唯心所造的，那麼，這個「心」又是什麼？這個「心」，正是千思萬想的根源，正是見聞覺知的主人。「森羅萬相，唯心所現」，是指的「無相心體」這個意義上的「心」，而不是指的「心理現象」這個意義上的「心」。

我們的無相心體，沒有任何形相，所以說「實相無相」。世界上所有的事物，都是有形相的，唯獨我們的「心靈」是沒有形相的。我們的心靈——無相心體，不屬於大小方圓，然而，它卻能顯現大小方圓。我們的心靈，不屬於青黃赤白，然而，它卻能顯現青黃赤白。我們的心靈，不屬於思想觀念，然而，它卻能生出許多思想觀念。我們的心靈——無相心體，就是這個「萬法的本源」。（這裡所說的「法」，就是「現象」「形相」的意思）一個人證悟到了這個「萬法的本源」，那麼，他所獲得的「般若」，就是「實相般若」。這個實相般若，是包含著一切現象，而又超越於一切現象的，就像大海，包含著一切漚相，而又超越於一切漚相。

禪宗到了後來，只講一個「道」字，甚至有時，「道」也不說，「心」也不講，「佛」也掃除。為什麼要這樣呢？這是因為，人們執著於這些名相，藉助於這些名相而胡思亂想。禪宗為了救度世人出離「思想」「名相」的泥坑，所以，就把這些名相統統掃除，讓人們直截了當地體認這個「淨裸裸、赤灑灑的無相心體」。

自古以來，很多人在尋求這個被稱之為「道」的東西。古人告訴我們，要想尋求這個「道」，就不要向外尋求，要反過來體認當下的這個「歷歷孤明的無相心體」。若能體認得清楚，就是「實相般若」，就是找到了自己生命的本源。所以說，「實相般若」是屬於「般若」中最根本的一種「般若」。

境界般若

這個境界到底是什麼呢？可以說，這是一個不好解釋的名詞。境界就是境界，它是每個人心中的那種獨特的心相與感受，譬如，煩惱的境界，歡喜的境界，寬闊的境界，狹隘的境界，大氣的境界，小氣的境界。總之，無論我們如何解釋這些境界，這都是不能被沒有過這樣的境界的人所能理解的，也是極容易被人們所誤會的。

有一則故事，說的是一個盲者，聽人談論關於「白色」的問題，他的心裡不免感到很納悶，心想：這個「白色」，到底是個什麼東西呢？他千思萬想也想不通。於是，他就問人家：你們說的「白色」，到底是什麼呢？

別人就告訴他：「白」就是白雪的「白」。可是，他聽了別人解釋，想了又想，白雪的白，到底是什麼呢？他還是想不明白。於是，他又問別人：白雪的白，到底是什麼呢？請你們告訴我。

別人又告訴他：白雪的白，就是白麵的白。這個人又想了想，自己還是不明白。這個白麵的白，到

底又是什麼呢？於是，他又問別人：白麵的白，到底又是什麼呢？

人們告訴他：白麵的白，就是白鵝的白。

別人就抱過一隻白鵝，放在盲者的手上，說：白鵝的白，就是這樣的。盲者一摸這隻鵝，這時，這隻鵝突然叫了兩聲：啊！啊！這時，盲者恍然大悟。於是，他說：「你們早不告訴我，原來「白」就是這個「啊！啊！」

悟道的境界，到底是一個怎樣的境界呢？這也沒有辦法向未悟道的人說明的。要想領悟到這個悟道的境界，就必須依照「信、願、行、證」的路子，如實地行履過來，光說道理是沒有用的。只有自己達到了這個境界，才能真正地懂得這個境界。

在過去，有一個和尚，住在茅草屋裡修行，他很有心得，於是，就寫了一副對子：「萬里青天開笑口，三間白屋豎拳頭。」

「萬里青天開笑口」，這也是一種境界。這個和尚悟了道，什麼都空掉了，同時，也什麼都包容了，心裡非常暢快，笑得非常開心。「三間白屋豎拳頭」，這也是一種境界。就是說三間空空洞洞的茅草屋，自己住在裡面，依然是海闊天空，暢快無比。像這一類的文字，全是描寫當事人的心靈境界的。

我們的人生，每時每刻都有境界，痛苦的時侯，有痛苦的境界。擔心的時候，有擔心的境界。高興的時侯，有高興的境界。回顧自己的過去，酸甜苦辣一大堆，這都是境界。所以說，心靈的境界，只可意會，不可言傳。

此外，一個人的進步，每一步有每一步的境界。像一個學音樂的人，今天彈了一曲，整個生命都融進去了，這就是他的境界。就是一個做泥瓦工的人，他的一抹一刮，十分順手，感覺很舒服，這也是他的一種境界。

無論是修道人的清淨境界，還是凡夫人的煩惱境界，他們的一切一切的境界，都是從那裡來的呢？答曰：都是從無相心體中而現出來的，也可以說，這一切的境界，都是無相心體的現象。

真正地悟了道的人，他的智慧的展現，是無窮盡的，就像活源之水，那是取之不盡，用之不竭的。我們一旦打開了這個「本源之智」，它所顯現出的那種般若，就是境界般若。

文字般若

我們都知道，能夠流暢的運用文字，表達自己的內心，這是一個人才分。流暢而感人的語言，這不是人人都能做到的事，有些人，甚至是已經十分地勤奮，然而，就是不能使自己的語言流暢而感人，他永遠不能充分地表達自己。

同齡的人，共同地走進一所學校，在同樣的教育條件下讀書學習，可是，只有很少數的人，能夠成為文學家。為什麼只有少數的人成為文學家呢？這是因為，對於大多數的人來說，他潛在的文字般若是不夠的，因此，他無論怎樣地努力，也是寫不出好句子的。然而，有的人卻不然，他出語成章，下筆如神，這是因為，他有文字般若。

《金剛經》《妙法蓮花經》《楞嚴經》《維摩經》等大乘經典，為什麼在中國那麼流行呢？為什麼對中國的文學、哲學影響那麼大呢？這是因為，佛經的作者具有極高的文字般若，以及極高的精神境界。

清朝的歷史學家趙翼，他具有極好地文字般若。晚年，他寫道：

少時學語苦難圓，只道功夫半未全；
到老方知非力取，三分人事七分天。

這首詩的意思是說，我少年的時候，就是寫不好文章，說不圓話語。那時，總是以為，這是自己的功夫還沒有下到。可是，到了年紀大了才知道，文字般若，這是與天分有關的，缺乏文字般若的人，即使再努力，也是寫不出好文章的。這是因為，一個人的語言成就，人事的努力，只占三分，天分的作用，卻占到了七分。

還有一則故事，是關於宋朝大文學家黃庭堅的，不妨寫出來，或許有助於我們對「文字般若」的理解。對於這則故事，我們不可認「真」，也不可認「假」，至於其中的原由，究竟是怎樣的，我們還是應該抱以「知之為知之，不知為不知」的態度，切不可以把自己的想當然，當成是最後的結論。

黃庭堅，字山谷，江西省修水縣人，他的詩、書、畫，號稱三絕，與當時的蘇東坡齊名。黃庭堅不但文字般若好，為人也至孝。

相傳，黃庭堅二十六歲的那年，中了進士，被朝廷任命為蕪湖這個地方的知州。有一天，他在午休的時候，做了一個夢，夢見自己走出了衙門，來到了一個村莊，看見一個老婆婆，站在自家門前的供案前，手持清香，口中喃喃自語，好像呼喊某人的名字。黃庭堅近前一看，發現供桌上擺著一碗煮好的芹菜麵，香味飄溢。黃庭堅端起來便吃。吃完之後，就回到了衙府。黃庭堅醒來之後，夢境依然是清清楚楚，奇怪的是，他的嘴裡竟然還有芹菜的香味。黃庭堅雖然覺得很奇怪，但也沒太在意，因為這是一場夢。

第二天午休時，他又做了同樣一個夢。醒來時，口

中也有芹菜的香味。黃庭堅感到很奇怪。於是，他起身出了衙門，依著夢中的記憶，來到了一家門前。黃庭堅叩開了門，開門的人正是夢中的那位老婆婆。

黃庭堅問她：這兩天，是否有人在門外喊人吃麵呢？

老婆婆說：昨天是我女兒的忌日，她生前非常喜歡吃芹菜麵，所以，每到她忌日，我都會供奉一碗芹菜麵，喊她來吃。

黃庭堅問：您的女兒去世多久了？

老婆婆說：已經二十六年了。

黃庭堅心想：自己正是二十六歲，昨天也正好是自己的生辰。於是，黃庭堅更進一步探詢這位婆婆的女兒生前的事。

老婆婆說：我只有這麼一個女兒，她在世的時候，非常喜歡讀書，也非常孝順，但是，就是不肯嫁人。後來，因病去世了。在她去世彌留的時候，她還告訴我說，她一定會回來看我的。

老婆婆又指著一個大木櫃子說：我女兒平生所看的書，全都鎖在這裡頭，只是不知道鎖匙放到哪裡，所以，一直沒有打開。

奇怪的是，黃庭堅竟然憑著自己的感覺，找到了那把鎖匙。他打開木櫃子，發現裡面有許多文稿，黃庭堅拿出來一看，大為吃驚，這些文章，與自己的文風與思路，竟然如此地相似。

這時，黃庭堅似乎明白了。於是，將老婆婆接到州衙，奉養餘年。

後來，黃庭堅在衙州後園，建造了一座亭園，亭圓中有他自己的刻像，並且自題石碑像贊曰：似僧有髮，似俗脫塵，做夢中夢，悟身外身。

明朝的進士袁枚，得知這個故事之後，不禁發出了「書到今生讀已遲」的感嘆。

假如說有前生來世的話，那麼，一個人的興趣與才能，那是會在生命的歷程中得以延續的。當然嘍，這只是說，假如有前生與來世的話。就像黃庭堅的文字般若，以及孝順的品質，顯然是與他的前生有著很大關係。當然了，如果沒有前生與來世的話，那就另當別論了。

方便般若

一個人要想達到某種目的，一定是要有相應的方法的。譬如我們的教育，面對著每一個特殊的教育物件，要想達到教育的目的，這在教育方法上，肯定是不能千篇一律的。我們面對著此時、此刻、此狀的張三，我們與他的交流與對話，肯定是隨機應變的。我們依據具體的情況，針對某人所運用的具體方法，包括我們的行為、言語、表情，乃至於我們內心的狀態，都是我們的隨機應變的方便方法。所謂方便般若，就是這種不拘一格的、隨機應變的智慧。

一個有學問有道德的人，要教化別人，自然有他因時、因地、因人的方便方法，這些具體地、隨時隨地的方法，就是我們的方便般若。譬如佛經上說，眾生有八萬四千煩惱，佛有八萬四千法門。這八萬四千法門，就是用來對治眾生的八萬四千煩惱的。這八萬四千法門，只是方法，不是目的。但是，為了達到目的，就要運用相應的方法。佛教針對眾生的八萬四千煩惱，建立起來的八萬四千法門，就是佛教救度眾生的方便般

若。

佛教裡的觀世音菩薩，具有千手千眼。（如果我們按照文字想像觀世音菩薩的形相，所想像出的那種形相，肯定不是觀世音菩薩的真實形相。為什麼呢？千手千眼觀世音菩薩的形相，只是一個宗教偶像形態的文化符號。）觀世音菩薩的千手千眼代表著什麼呢？答曰：觀世音菩薩的千手，代表著救度眾生的千般手段。觀世音菩薩的千眼，代表著觀察眾生的超凡智慧。所以說，一個人要想悟道成佛，不但要契合大慈大悲的精神（觀世音），還要具有善巧方便的智慧（千手千眼）。這裡的「善巧方便」，就是佛教裡所說的方便般若。

眷屬般若

眷屬般若，也可以說是般若智慧的眷屬。眷屬，就是相伴相隨的意思。般若的眷屬，就是與般若相伴相隨的那些內容。

我們都知道佛教有六度：佈施（放下自私），持戒（遵守規範），忍辱（放下我執），精進（勤奮努力），禪定（治心不亂），般若（內心清明）。佛教裡所說的

「度」，就是「轉變」的意思。在這六度（六種轉變）之中，「般若」是核心。其它的五度，與般若相伴相隨，所以，除了「般若」之外，其他的五度，就叫做般若眷屬。

一個修持佛法的人，要想獲得成就，就必須要佈施（放下自私）、持戒（遵守規範）、忍辱（放下我執）、精進（勤奮努力）、禪定（治心不亂）。只有在這樣的心靈實踐的基礎上，才能大徹大悟，獲得般若智慧。所以，在獲得般若智慧之前，就有這五個相關的般若眷屬。這五個相關的眷屬，就屬於眷屬般若。

第五章　心的淨化與心的解脫

依照心靈學的觀念來看，如果我們的心態一變，山河大地都會隨之而變。《維摩經》上說：「欲得淨土，當淨其心。隨其心淨，則佛土淨。」《維摩經》上又說：「何謂病本？謂有攀緣。從有攀緣，則為病本。」以有所得之心，取境著相，這就是攀緣。不離一切相，不著一切相，即一切相而離一切相，即是大自在，即是心的解脫。佛教就是要消滅貪、嗔、癡三毒，轉化我們的心靈境界，這就是禪宗所說的，「滅卻心頭一點火，刀槍人馬一齊休。」

夢窗禪師有一首偈說：

青山幾度變黃山，世事紛飛總不干；
眼內有塵三界窄，心頭無事一床寬。

我們的眼裡，如果有了塵沙，這整個世界都會扭曲了模樣；假如我們的心中，寬廣無礙，即使一張床大小的地方，也一樣是海闊天空、清淨安詳。如果我們的心中，取境著相，即使富有天下，也一樣是內心無間、煩惱無邊。

即相而離相，本分天然佛

佛教要人們不要著相，不但不要著世間相，就是所謂的出世間相，也是不可以執著的。這是因為，無論是世間相，還是出世間相，都是生滅變遷的。《金剛經》上說：「凡所有相，皆是虛妄。」也就是說，無論是世間相，還是出世間相，都屬於現象，都是生滅變遷的，也是虛妄不實的。既然是虛妄不實的，又怎麼能夠抓得住它呢？抓一個根本就抓不住的東西，那就不是智慧。所以佛家說「隨緣運用，用過即休」，「事來則應，過去不留」。

人們執著於金錢名利，心裡天天想著它，乃至於夢裡也想著它，所以，金錢名利也就把這個人給捆住了。人執著於是非美醜，時時糾纏於這些幻相上，所以，是非美醜也就把這個人給捆住了。如果我們以清淨之心來對待金錢名利，那麼，金錢名利也就不再是我們的心靈的累贅，反而成了我們的有力工具。如果我們以清淨之心來明察是非美醜，那麼，是非美醜也就不再是我們的心靈的累贅，反而成了我們心中的清淨法相。

佛教並不是要消滅人們的主觀現象與客觀現象，而是要人們立足於「清淨的本位」，隨緣無住地運用這些現象。如果我們能夠立足於「清淨的本位」來感受我們的生活，那麼，我們的生活中的一切現象，也就再也不是我們的心靈的累贅，反而成了我們心中的清淨法相。

人們所面對著的事物，是依照當事人的心靈而轉化的，譬如我們以煩惱的心態來面對生活，那麼，我們的生活中的一切現象，則無不塗上煩惱的色彩，這也就是人們常說的「見什麼都煩」。同樣，如果我們以快樂的心態來面對生活，那麼，我們的生活中的一切現象，則無不塗上快樂的色彩，這也就是人們常說的「見什麼都高興」。只要我們不著相，不自礙，我們的生活就是流暢無礙的。

《金剛經》上說：「無我相、人相、眾生相、壽者相。所以者何？我相即是非相。人相、眾生、相壽者相即是非相。何以故？離一切諸相，則名諸佛。」

眾生十分地著相，他執著於我相，人相，乃至於那些修道的人，執著於長生不老，執著於另一個世界，其實，這都是著相，這都是吐絲自纏。所有的現象，本來就是生生滅滅的，人們把自己寄託在這些生生滅滅的現象之上，終究還是靠不住的。既然現象是生生滅滅的，那麼，我們就還它個生生滅滅，不要強求永恆存在。只有生生不息，滅滅不已，才能使我們的生活充滿活力。

不可執著於世間相，是否也可以不執著於出世間相呢？這個問題，要從兩方面來說。

第一，如果是一個大徹大悟了人，他是用不著執著於出世間相的。這是因為，在他的那個境界上，萬法平等，世間相與出世間相，根本就是一樣的。就像六祖慧能所說：「佛法在世間，不離世間覺。離世覓菩提，恰如尋兔角。」兔子頭上本來就沒有犄角，世間之外本來就沒有出世間。所謂世間，是對愚迷境界的象徵性比喻。所謂出世間，是對智慧解脫的象徵性比喻。由世間到出世間，根本就不用不著從這裡跑到那裡，而是心靈上的轉變，所以說，出世間不在別處，就在我們當下的覺悟。

第二，如果是還沒有大徹大悟的人，他是不可能沒有執著的。為什麼這樣說呢？這是因為，一個人執著於世間相，這無疑是一種執著。如果告訴他：不要執著於世間相。如果他真的肯這樣做的話，其實，他這也是一種執著。為什麼這樣說呢？這是因為，這時的他，正在執著於一個「不執著」。執著於一個「不執著」，其實，也是一種執著。佛教裡把這種執著於「不執著」的「執著」，叫做「法執」。

既然是人們不可能沒有執著，所以，佛教就針對人們的執著，想出種種辦法，化解人們的執著。就像一位智者，看到一幫不懂事的孩童，在一個充滿危險的地方玩耍。如何才能讓這些孩子離開這個危險的地方呢？於是，大徹大悟的智者，就對著孩子們說，我這裡有世界上最好的玩具，有羊車，鹿車，還有白牛車，除此之外，還有更多更好的玩具，應有盡有。孩子們，快過來，我把這些玩具全都送給你們。

孩子們聽了這話，迅速地放下了手中的劣等的玩具，跑到了智者的身邊，各自獲得了他們所需的玩具，同時，也離開了那個危險的地方。人們執著於世間的這些玩具，為了這些玩具，彼此展開殘酷的爭奪。自己心愛的玩具，一會兒被人奪去，一會兒又重新奪回。人生的或喜或悲，總是被這些玩具的得失而控制著。人生幾十年，就在這樣的爭奪搶鬥中昏昏度過，到頭來只落得個心靈上的傷痕累累。除此之外，更無所得。

如果從最根本的意義上來說，不但世間法不可執著，即使出世間法也不可執著。很多學佛的人，他們已經不再執著於世間法，然而，他們卻非常地執著於出世間法。有人侵佔他的錢財，他或許不會在乎，然而，若有人違背了他所認可的佛法，他的心中便會生起不快。這種不快，或許只是一閃念，就被當事人化解掉了。雖然這種不快，只在一閃念之間，但是，這種不快的背後，依然還是有著對佛法的執著。若不然的話，又為什麼會生出那一閃而過的不快呢？雖然這種執著，超出了世俗的執著，然而，只要有這種執著，就不能算作是圓滿無礙的大智慧。

為了破除人們對佛法的執著，為了打開人們的般若智慧，禪宗常常運用看似「謗佛毀法」的方法，破除人們對佛法的執著，使人們達到「萬法平等的大智慧境界」。

禪宗史上，有一位叫丹霞天然的禪師，原本是一位儒者，他在赴京趕考的路上，遇到了一位禪者。禪者問他：仁者，您要到哪裡去啊？丹霞說：我去趕考選官。這位禪者說：選官怎麼能比得上選佛呢？丹霞說：如果要參加選佛，我應該到那裡去呢？這位禪者說：現在，江西出了一位大禪師，人稱馬祖道一，他那裡是一個選佛的好地方，你可以到他那裡去。於是，丹霞就來到了馬祖的道場。

馬祖看了看他，然後對他說：南嶽山上，有一位叫石頭希遷的禪師，他是你的老師，你去拜訪他吧。丹霞來到了南嶽山，見到了石頭禪師。石頭禪師看了看他，然後對他說：你到後面幹活去吧。就這樣，丹霞在這裡

石頭希遷禪師

住了三年。忽然有一天，石頭禪師對大眾說：明天都來佛殿集合，除佛殿前的雜草。到了第二天，大眾都來到了佛殿，準備除佛殿前的雜草。唯獨丹霞，只端著一盆水，來到石頭禪師面前跪下。石頭一見，笑一笑，就給丹霞剃了髮，使丹霞正式地做了和尚。緊接著，石頭禪師又給丹霞說戒法，丹霞掩耳而出。

丹霞禪師又來到了馬祖的道場。丹霞還未拜謁馬祖，首先就來到了僧堂。在僧堂裡，有一尊聖僧的塑像。丹霞禪師進入僧堂之後，騎在了這尊塑像的脖頸上。丹霞的舉動，可把守堂的和尚嚇壞了。於是，趕快把這件事告訴了馬祖。馬祖來到了僧堂，看了看騎坐在塑像上的丹霞，一幅超然之相，知道他已經悟了道。於是，就對丹霞說：我子天然。丹霞便下來，向馬祖頂禮道：感謝大師賜我法號。因此，名丹霞天然禪師。

從宗教形式上而論，丹霞禪師騎在聖僧的塑像上，這是很不得了的事。然而，對於已悟道的人來說，諸法平等，無有高下。佛相人相，聖相凡相，一切平等，無有二樣。大徹大悟的人，絕對不會再有「愛聖憎凡的心」，絕對不會再有「欣上厭下的心」。如果一個人學佛，學到了最後，真地大徹大悟了，他是佛也不著，師也不著，就連這個「不著」也不著。著即受繫縛，縛即成障礙，那就不是佛家所說的大智慧了。

一法亦不著，即是真解脫

佛法是不可以有一點點執著的，若有執著，即成繫縛。若有繫縛，即成障礙。若有障礙，便不得自在，便不是隨緣任運的大智慧。

唐朝詩人白居易篤信佛法，有一次向惟寬禪師問：既然是禪師，為何還說法？

惟寬禪師說：無上菩提，表現在行為上，就叫做「戒」。表現在語言上，就叫做「法」。表現在心行上，就叫做「禪」。應用起來有三，歸到本源上，也只有這個「心」。就像江河裡的水，在不同的地方，就叫不同的名字，譬如珠江、淮河、贛江、灘江、松花江等，名字雖有不同，然而，水性卻都是一樣的。律、法、禪，名字有三，歸源也是一樣的，你怎麼可以妄生分別呢？

白居易又問：既然是沒有什麼分別，那麼，又為什麼要修心呢？

惟寬禪師說：心本無損傷，為什麼要修理呢？無論垢與淨，一切勿起念。

白居易又問：我們不可以思念污垢的事，難道也不可以思念清淨的事嗎？

惟寬禪師說：就像人的眼睛，不可沾染上任何一物。金屑雖珍寶，在眼亦為病。

白居易又問：清淨的事也不可以思念，這樣，又與凡夫有什麼不同呢？

惟寬禪師說：凡夫無明，二乘人執著。既無無明，也無執著，這才是真正地修行。這就是禪修的心要。

可見，所謂的智慧解脫，就是一法也不執著，不但不可以執著世間法，也是不可執著的。凡有所著，皆成繫縛。就像惟寬禪師所說的，「金屑雖珍寶，在眼亦為病。」

只要不執著，萬法自如如。要想做到這一點，就必須要明心見性。只有實現了明心見性，我們才能知道，我們的無相心體，本來一塵不染；我們的無相心體，本來無縛無脫；我們的無相心體，本來流暢無礙。它既然一塵不染，就用不著更求清淨。它既然無縛無脫，就用不著更求解脫。它既然流暢無礙，就用不著更求神通。只要我們如實地契合於它，我們的人生就是合道之行，我們的人生就是智慧之行。

在過去，有一個大財主，家財萬貫，每天打著算盤，盤算著帳目的出入。財主家有個鄰居，夫妻二人靠賣豆腐為生。賣豆腐的這對夫婦，每天一大早起來，兩人有說有笑地作豆腐，日子過得有滋有味。

有一天，財主的夫人，埋怨財主，說：你看看人家兩口子，整天有說有笑的，日子過得有滋有味，再看看我們，你天天撥打你那算盤，理也不理我，我們這日子過得還有什麼意思！財主說：「你等著看，到明天，我就不讓他們笑了。」於是，半夜裡，財主帶著自己的老婆，拿了一包銀子，隔著院牆，就扔了過去。賣豆腐的這對夫婦，聽到自家院子裡「撲通——」一聲，不知發生了什麼事。於是，就到院子裡來看個究竟。結果，發現了從天而降的一包銀子。這對賣豆腐的夫婦，突然之間獲得了這樣一大包銀子，不知怎麼安排。

丈夫說：「我們就用這些銀子，建一所氣派的大房子，我們也好好地享受享受。」妻子說：「不行，不行。我們用這些銀子建造那麼大的房子，人家肯定會懷疑我們這錢是偷來的。」丈夫說：「我們就把這銀子藏起來，慢慢地享用。」於是，夫妻二人，就開始討論，把銀子藏到什麼地方。放在枕頭裡，害怕小偷給偷去。放在樑上，也覺得不安全。總之，無論放在哪裡，都覺得不安全。討論來討論去，討論到天亮，也沒討論出個結果。天亮時，財主對自己的夫人說：「你看，他們不笑了吧！」

所以說，平平常常即是福。如果我們的心，著了名相，著了利相，著了錢相，乃至於著了虛榮相，都會被這些幻相糾纏住，想做個自由的人，也是做不得的。所以，保持一顆平常心，在富貴之中，把富貴看淡；在貧窮之中，把貧窮看淡；乃至於在患難之中，把患難看淡，以平常之心，隨緣做事隨緣了，這是我們走向解脫之道的基礎。

心光常寂體，念念虛生滅

世間萬法，離不開心，佛經上說：「三界唯心，萬法唯識。」也就是說，三界無非心，萬法盡是識。一切萬法，盡是緣心而起，這就是佛教裡所說的「無不從此法界流，無不歸還此法界。」這個「法界」，並不是物理學意義上的那個「宇宙」，而是心靈學意義上的那個「宇宙」，也就是我們的心靈世界。所以心學大家陸象山說「宇宙即是吾心，吾心即是宇宙。」佛教裡所說的這個「心」，就是這個本體論意義上的「心」，而不是俗情所說的「心」。俗情所說的「心」，只是「心」的現象，不是心的本體。

六祖慧能悟道之後，在打獵的人群中隱居了十六年，等自己的道業成熟了之後，才出來弘揚佛法。他來到了廣州法性寺，正趕上印宗法師講《涅槃經》。慧能看到兩位出家人，正對著一面幡蓋指指點點，爭論不休。一個人說：不是風動，而是幡動。另一個說：不是幡動，而是風動。

六祖慧能，看到這兩個人都執著在「相」上，於是，就笑著走上前，說：「兩位仁者啊，不是風動，不是幡動，是仁者心動。」

風動也好，幡動也好，那都是心中的幻相，不是當事人的本位。心是本位的，相是緣起的。如果丟棄了本位，而去追求緣起，這就是捨本逐末，這就是心被物轉。心被物轉，即是凡夫。心能轉物，即同如來。修道的人，不可被這些幻相牽著鼻子走，就像儒家《大學》中所說的那樣：「心不在焉，視而不見，聽而不聞，食而不知其味，此謂修身在正其心。」也就是說，真正地修道的人，是不會住著在差別相上的，他是如如不動的，也是流暢無礙的。六祖慧能，看到這兩位僧人住著在差別相上，就給了他們一個「回歸自心」的指示：「不是風動，不是幡動，是仁者心動。」也就是說，你們的心，不要被緣起的境相牽著鼻子了跑喲！

禪宗的大梅法常禪師，是馬祖道一的徒弟。大梅禪師問馬祖：如何是佛？馬祖說：即心即佛。大梅禪師一聽，當下就領悟到了「自心實相」。

大梅悟道之後，就到了另外的一個地方。人們來向他問道，他就向人們說：即心即佛。後來，這個消息傳到了他的老師馬祖那裡，馬祖想試探一下自己的這個徒弟，是不是真的悟道了呢？於是，就派了一個弟子前去考驗他。

這個弟子到了大梅這個地方，問大梅禪師說：您在馬祖那裡，悟到了個什麼？

大梅禪師回答：師父對我說：即心即佛。我便向這裡住。（按：這裡說的「這裡」，並不是指大梅山，而是指本體論意義上的不生不滅的「當下心」。）

這個弟子又說：馬祖的佛法又變了，原來

是「即心即佛」，現在又變成了「非心非佛」。

大梅禪師聽了這話，不但不驚奇，反而笑了起來，他說：師父就是喜歡捉弄人，我管他什麼「非心非佛」，我只管「即心即佛」。

這個弟子回到馬祖那裡，如實地作了稟報。馬祖聽了之後，很高興地說：「好，梅子熟了！」（按：「梅子熟了」這句話的意思是說，大梅法常的佛法已經成熟了，已經領悟到了佛法的真諦，再也不被境相所誑惑了。）

覺悟了的禪師，他們已經領悟到了自心實相，已經領悟到了萬法之源，所以，他們能夠安住於當下，隨緣起用。他們所領悟到的，就是本體論意義上的不生不滅的「心」。

有些人的快樂，是掌握在別人的手裡的，而不是掌握在自己手裡的，譬如聽到別人讚美他幾句，他就會很高興；如果聽到別人批評他幾句，他就會很難過。這樣，自己的歡喜與難過，不就是掌握在別人手裡嗎？自己作不得主，怎能算得上智慧解脫呢？我們這顆心，是至大無外、至小無內的，是不受時空影響的，只要人們不再黏著在世相上，就能在事相中而無事相的累贅，就能活得自在解脫，就是人生的智慧。

隨緣應萬事，應處實能幽

心是什麼？它有多大？能容多少物？世人少有知得此事者。古語說：「宰相肚裡能撐船。」佛教裡說：「心包太虛，量周沙界」。萬相齊現，此心不增；諸法盡退，此心不減。《西遊記》裡的孫猴子，能騰雲駕霧，一個筋斗能翻十萬八千里，它還是不出了如來佛的手掌心。孫猴子象徵著我們的猴心。如來佛象徵著我們的無相心體。無論我們的猴心如何地跳躍，當然是跳不出我們的無相心體的。無論我們的心態如何地變化，一會兒高興，一會兒煩惱，一會兒清靜，一會兒散亂，而我們的無相心體，它依然如故，就像我們把金子做成項鍊，做成戒指，做成手環等等，無論造型上是如何地變化，金子的本性是不會改變的。「真心不變」的道理，也是這樣。

在佛教看來，趨境著相的六根之動，就是心中的六賊。如果我們的主人公怠忽職守的話，心中的六賊就會任意妄為，就會破壞我們的精神家園。今天的社會風氣，之所以不盡人意，就是因為片面地張揚了科學技術，使得道德文化與科學技術的關係，失去了應有的平衡與協調，所以，人們的思想與行為，才會隨波逐流，不受約束。

如何才能體證到我們的無相心體呢？佛經上有句話說得很好：

若人欲知佛境界，當淨其意如虛空。
遠離妄想及諸取，令心所向皆無礙。

一切經論言句，只是要我們「不染」。這個「不染」，不是跑到世外的「不染」，而是「即事而不染」，這是一種「世出世間、圓融無礙的大智慧」。

過去有一位鏡清禪師，喜歡問人「門外是什麼聲？」鏡清禪師就是利用這樣的問題來開示學人。

一日，鏡清禪師問一僧：門外是什麼聲？

僧云：雨滴聲。

鏡清禪師嘆息道：眾生顛倒，迷己逐物。

又有一次，問另一僧：門外是什麼聲？

僧云：鵓鳩聲。

鏡清禪師又嘆息道：欲得不招無間業，莫謗如來正法輪。

又有一次，問一僧：門外是什麼聲？

僧云：蛇咬蝦蟆聲。

鏡清禪師又嘆息道：將謂眾生苦，更有苦眾生。

這些公案的真正的用意，只有一個，那就是讓我們「識得自己」。可惜，這三個僧人，只識得聲，卻不曾識得這個「聞聲的人」。我們若能識得這個「聞聲的人」，那麼，我們即使在聲色堆裡，也不妨蕭灑自由。如果我們迷卻了這個「聞聲的人」，我們即使閉目塞耳，也是被聲色所奴役的人。

天堂與地獄，盡在一心中

常有人問：有沒有天堂？有沒有地獄？天堂地獄究竟又在哪裡呢？事實上，天堂地獄不在別處，就在我們的心裡。佛教裡說：「一心具足十法界」，天堂地獄，豈能又在心外呢？只是我們不曾識得此「心」，若能識得此「心」，萬法盡在心中。

佛教裡所說的十法界是指什麼呢？十法界是指：地獄，餓鬼，畜生，阿修羅，人，天，聲聞，緣覺，菩薩，佛等。

佛教裡所說的這「十法界」，不在我們的「心」外，而在我們的「心」中。為什麼這樣說呢？譬如說，早上起來，無憂無慮，無愁無惱，無掛無礙，自己的心境，很是清淨，這就像佛的境界一樣；稍待一會兒，就會想這一天的事情，這個事情該怎麼？那個事情該怎麼做？如果想的是幫助別人的事，這就像是菩薩的境界一樣。如果想得是善良正直的事，這就是天人的境界。如果想的是亂七八糟的事，既有善事，也有惡事，這就是人的境界。如果想的是如何與人鬥爭，這就是阿修羅的境界。如果心存非理非德的念頭，哪怕是一閃念之間，也是畜生的境界（畜生代表著無理性無道德）。

如果是貪這貪那，總是不得滿足，這就是餓鬼的境界。如果事與願違，煩惱得要死，這就是地獄的境界。我們天天在這十種境界裡打轉轉，卻不曾識得這「十法界」的「共源」，所以，稱之為「眾生」。若能識得這個「共源」，就是十法界的自由人，就是智慧圓滿的「佛」境界。

《華嚴經》上說：「心如工畫師，畫種種五陰。一切世界中，無法而不造。如心佛亦爾，如佛眾生然。心佛及眾生，是三無差別。諸佛悉了知，一切從心轉。若能如是解，彼人見真佛。」世界上最好的畫家，其實，就是我們的心。

我們的心，它想什麼，就會在我們的心中勾畫出什麼。隨想隨畫，隨畫隨了。如果一個人天天想壞事，想得久了，不但他的心貌會發生扭曲，就連他的外貌，也會隨之發生改變。譬如常常想惡事的人，就會顯出一臉橫肉，常常想善事的人，就會顯出一臉慈悲。精神莊嚴的人，日子久了，就會顯出一副端莊的相貌。假如我們希望自己的相貌更加美麗，希望我們的氣質更加端莊，那麼，我們就應該從修養自心做起。

過去有一位將軍向白隱禪師問法。將軍問：禪師，請問：真的有天堂地獄嗎？

白隱禪師說：有啊！

將軍問：那麼，天堂地獄又在哪裡呢？

白隱禪師打量了他一番，問道：你是什麼人？

將軍答道：在下是一名將軍。

白隱禪師說：真可笑！就憑你這麼一副乞丐相，也配做將軍？

這個將軍勃然大怒，拔出佩劍。

白隱禪師笑著說：你看，地獄之門打開了！

將軍一聽，回心一想，立刻就懂了，趕緊放下佩劍，恭恭敬敬地向白隱禪師道歉：末將愚癡，多有冒犯，尚望禪師鑑諒！

白隱禪師笑了，點點頭，說：你看，天堂之門打開了！

我們人生一世，究竟要上天堂，還是要下地獄，別人都不能替我們作主，能作主的，是我們自己！一念煩惱是地獄，一念善良是天堂。地獄天堂，不出一心。

心淨佛土淨，萬法隨心動

佛教裡所講的「極樂淨土」，到底是一個怎樣的淨土世界呢？在《維摩經》裡，舍利弗也曾經有過這樣的困惑，他想：十方諸佛的世界，都是淨土世界，為什麼釋迦佛的國土污穢不淨呢？釋迦佛知道了舍利弗的困惑，於是，佛陀告訴舍利弗：「這是我心中的世界。」舍利弗就問佛陀說：「為什麼我們大家所見到的世界與您所見到的世界不同呢？」佛陀回答說：「天生的瞎子，從未見到太陽、月亮，但不能說沒有太陽與月亮，他應該怪自己的眼睛有毛病。」眾生有毛病——妄想執著，所以，他見到的世界，就是眾生的世界。佛陀無病——本體清淨，所以，他所見到的世界，就是清淨的世界。

當年，韋刺史問六祖慧能：我常常看到人們念「阿彌陀佛」，發願往生西方極樂淨土。請問和尚，他們到底能否生到西方極樂淨土呢？慧能說：

使君善聽，慧能與你說。世尊在舍衛城中，說西方極樂淨土，經文說得很清楚。如果從相上來說，西方極樂世界，有十萬八千億之遙。這十萬八千，不是別的物，就是我們心中的十惡八邪。說遠，這是為下根人說的。如果是上上根基之人，則不說十萬八千，而說當下現成。人的根基有種種差異，因此，引導人們達到目的的方法，也是多種多樣的。迷人念佛，求生於彼。悟人念佛，自淨其意。

所以佛言，隨其心淨，則佛土淨。……今勸善知識，先除十惡，即行十萬。後除八邪，

乃過八千。念念見性，常行平直，到如彈指，便睹彌陀。

可見，佛教所說的淨土世界，並不是指宇宙空間的某一位置，而是「唯心淨土」這個意義上的「世界」。

譬如，一個人戴著墨鏡，他看天下萬物，盡是墨色，所以，他很奇怪：這個世界怎麼是墨黑的呢？如果他摘下墨色眼鏡，他眼前的墨色世界，馬上就會變得清靜光明起來。眾生也是這樣，戴著妄想執著，戴著心靈的污垢，所以，在他的面前所呈現的，自然地就是一個污垢的世界。當他回歸到了「清淨心體」，以「清淨無染的心」看這個世界的時候，在他的面前所呈現的，自然地就是一個清淨光明的世界。

一個人一旦獲得了徹底的覺悟，他的面前所呈現的，就一定是一個清淨光明的境界。為什麼會是這樣的呢？佛教裡說「隨其心淨，則佛土淨。」孔子說：「一日克己復禮，天下歸仁焉。」可見，佛家與儒家所講的，都是「境隨心轉」的道理。

一個人如果沒有寬廣的胸懷，那麼，怨恨與不滿就會從他的心中生出來。這樣的怨恨與不滿，就像紮在他心上的毒箭，使他痛苦難當，甚至是睡覺，也是在痛苦之中的。以這樣的心態，就享受不到人生的寧靜與安詳，也享受不到人生的幸福與快樂。

當我們心中充滿著悲傷的時候，我們就是生活在一個悲傷的世界裡。這時，我們就會感到，風在哭，海也在號。當我們心中充滿著快樂的時候，我們就是生活在一個快樂的世界裡。這時，我們就會感到，花在笑，雲也在笑。悲傷的人，用他悲傷的心態，創造了一個「風在哭，海也在號」的悲傷的世界。快樂的人，用他快樂的心態，創造了一個「花在笑，雲也在笑」的快樂的世界。所以說，煩惱的世界，是我們自己創造出來的。快樂的世界，也是我們自己創造出來的。

有人智慧的人，在順境的時候，不被順境牽著鼻子走，在逆境的時候，不被逆境牽著鼻子走。無論是順境，還是逆境，他都能「順逆一如，隨緣自在」。具有這樣的精神境界的人，就是佛教裡所說的果地佛，也就是我們所說的大徹大悟了的人。

第六章　佛教的無住妙行

大乘佛教所說的無著——不執著，這是一種「極高明而道中庸」的大智慧。佛教裡所說的這種「不執著」，就是連這個「不執著」也是「不執著」的。如果執著了這個「不執著」，其實，這也是一種執著。只要是有這個「執著」，就不是徹底的無住無著。

無我不是真無我，超越小我證大我

眾生各自以「自我」為標準，對種種幻相，妄生取捨，因此，在眾生之間，便無端地生起種種事端，把本來寬暢的心胸，限量得相當狹隘。自己限量了自己的心胸，壓迫得自己透不過氣來。所以，佛教就提出了「無我」「無住」的觀念，要人們打破「我執」，獲得自由。

（一）無相佈施。

無相佈施，就是在佈施的時候，要三輪體空，也就是不要心存「能佈施的我」，也不要心存「受佈施的人」，也不要心存「所佈施的物」，對於佈施的我、受施的人、所施的物，一點也不執著。這樣的三輪體空的佈施，就是無相佈施。

有這樣一則故事，說的是一對夫妻，在雪中發現一隻流浪的小狗，他們見到這隻小狗無家可歸，很是可憐，於是，就把它帶回了家。因為是雪中撿來的，所以就給它取名叫「雪來」。久而久之，狗與主人之間，就產生了感情。主人每天下班的時候，雪來就會準時到車站去接主人，所以，大家就又把這隻小狗叫做「標準鐘」。

有一天夜裡，家裡來了小偷，雪來十分機警，一口咬住了小偷。經過訊問，主人得知，小偷是因為母親生病無錢買藥，在沒有辦法的情況下，才想出了這樣的下策。主人就原諒了他，還送給了他一些東西。

世事無常，主人上班的工廠，火藥爆炸，主人殉職。主人去世了，家裡無人賺錢養家，因此，生活馬上陷入困境。主人的太太，只好向親戚朋友借錢，暫時維持生活，但是，時間久了，親朋好友也都故意疏遠她，以致於家境更加窮困潦倒。

有一天，從鄉下來了一個人，牽了一隻羊，又帶了很多的生活用品，送給那位太太。原來這人就是以前的那個小偷，由於他心懷感激，一直苦於無法回報。現在，知道恩人家中的變故，於是，不間斷地供給這位婦人，一直供給了好多年，才使這位婦人沒有陷入絕境。

這位婦人就想：以前先生在世的時候，擁有那麼多的親朋好友，先生一死，親朋好友也相繼離去。倒是這位小偷，當初主人放了他，並送給他東西，根本沒想什麼回報，而今卻給了我這樣多的幫助，因此，她感慨的說：「有意栽花花不開，無心插柳柳成蔭。」像這種不求回報而做的善事，就是無相佈施。

為了求名，為了求利，這樣所做的佈施，就是有相佈施。不求任何利益，不計任何報酬，完全出於一種慈悲心，這樣所做的佈施，就是無相佈施。

當年的梁武帝問達摩大師：我自從當了皇帝以來，造了很多的廟宇，印了很多的經書，幫助了很多人出家為僧，您說說，這樣做有什麼功德？

達摩大師說：並沒有什麼真實的功德。

梁武帝說：為什麼沒有功德呢？

達摩大師說：這只是人天小果，也是不長久的，也是會墮落的，就像夢幻泡影，不是真功德。

梁武帝又問：如何是真功德？

達摩大師說：淨智妙明，體自空寂，如是功德，不以世求。

可見，佛家所說的智慧解脫，是要解脫一切的，即使自己的所做的佈施，也是不可以記掛在心上的。若把自己所做的佈施記掛在心上，那也是一種掛礙。有掛就有礙，有礙就有不自在，有不自在就不是大智慧。

（二）無我度生。

所謂度眾生，就是幫助眾生，使之獲得覺悟。在幫助了眾生之後，如果心裡想：我救度了眾生。如果有了這樣的想法，其實，這就是對「我」的執著，也是對「眾生」的執著。如果一個人執著於「我」，那麼，這種對「我」的執著，就是一種繫縛，而不是一種解脫。所以，佛教裡說，不應該有這樣的想法：我救度了眾生，我是有功德的。

《金剛經》上說：「應如是降伏其心，所有一切眾生之類，若卵生，若胎生，若濕生，若化生，若有色，若無色，若有想，若無想，若非有想、非無想，我皆令入無餘涅槃而滅度之。如是滅度無量無數無邊眾生，實無眾生得滅度者。何以故？須菩提，若菩薩有我相人相眾生相壽者相，即非菩薩。」

眾生的種類很多，數量無限，菩薩發廣大心，度盡所有的眾生。即使做到了這樣，也是不可以「著功德相」的。如果「著了功德相」，那就不是一個智慧解脫的人。就像我們平常所說的，我們即使做了很多的善事，也是不可以把它記掛在心上的。只有這樣做善事，我們的心靈，才是無掛礙的，才是智慧解脫的。禪宗有一個公案，說明了這個道理。

有一人問惟寬禪師：道在什麼地方呢？

惟寬禪師說：只在目前。

又問：我為什麼沒看見這個道呢？

惟寬禪師說：你執著於有我，所以看不見這個道。

又問：我執著於有我，看不見這個道，那麼，您見到這個道了嗎？

惟寬禪師說：有我有你，輾轉不見！

又問：無我無你，還見嗎？

惟寬禪師反問他：無我無你，那麼，是誰來求見呢？

由此可以看出，佛教所講的「無我」，並不是沒有「我」。如果沒有「我」，那麼，見色聞聲的又是誰？舉手投足的又是誰？思慮動念的又是誰？

龐居士也有一個公案，也說明了這個道理。

龐居士是佛教裡悟道的大居士。有一次，他來到一所寺廟，恰逢法師講《金剛經》，這位法師正好講到《金剛經》的「無我，無人，無眾生，無壽者」處。龐居士就問那位講《金剛經》的法師：法師，既然「無我無人」，那麼，是誰講誰聽呢？

法師聽了龐居士的問話，啞然無對。

龐居士說：我雖是個俗家人，也略知一二。

法師問：請問居士是如何理解的？

於是，龐居士就作了這樣的一首偈：

無我復無人，作麼有疏親？
勸君休歷坐，不似直求真。
金剛般若性，外絕一纖塵。
我聞並信受，總是假名陳。

座主聞偈，欣然仰歎。

龐居士問那個講《金剛經》的法師：既然「無我無人」，那麼，是誰講誰聽呢？龐居士的這一問，直指佛法的根本之處——講法聽法的主人公。這個主人公是誰呢？依照佛教的立場，講法的不是口舌，聽法的不是耳朵。唯此一心是講法的人，唯此一心是聽法的人。

達摩大師說：你用來問我的那個，就是你的心。我用來回答你的，就是我的心。我若無心，怎麼能回答你呢？你若無心，怎麼能問我呢？分明有一個「講法的人」，分明有一個「聽法的人」，豈能落於「斷滅無我」呢？龐居士的問話，直指這個「講法的人」，直指這個「聽法的人」。

那麼，佛教裡說「無我」，又是怎麼回事呢？這是因為，眾生執著於「有我」，所以，佛家便以「無我」來對治，以使眾生放下對「我」的執著，做到對「我」的超越，實現與大我的契合。這樣的無縛無脫的精神境界，就是佛家所說的般若智慧。

（三）無住生活。

所有的事物，本來都是現象。凡是現象，都是流變的，不停住的。我們的心，如果停住在流變的事相上，事情已經過去了，我們依然還是對它糾纏不休，這就是對事相的纏縛，這種纏縛，就是解脫的反面。所以佛家說：「事來則應，過去不留。」「風來竹面，雁過長空。」這就是對無住生活的描述，這就是對智慧解脫的描述。就像佛家所標榜的維摩居士，「雖處居家，不著三界；示有妻子，常修梵行。」他的生活，就是無住生活。

世間現象，紛繁複雜，變化萬千。我們對於這些現象，到底是應該分別？還是不應該分別？我們常常聽人說，學佛的人，不應分別。其實，面對現實，不加分別，這是一個大錯誤。如果一個人，不辨是非善惡，那就不是大智慧。

佛家有言：「善於分別諸法相，於第一義而不動。」也就是說，要善於分別事相，事相的大小方圓、青黃赤白、是非美醜，必須清清楚楚。然而，雖然清清楚楚，卻不可以「忘本逐末」。佛家有言：「隨緣識得性，轉處實能幽。」證悟了實相的人，是即相而不染的，他能立足於實相，隨緣而利生。然而，凡夫俗子卻不是這樣，由於貪心的緣故，他貪權力，被權力牽著鼻子走。他貪虛榮，被虛榮牽著鼻子走，甚至於知識份子，執著於某種知見，其實，那也是被某種知見牽著鼻子走的。

對於紛繁複雜的世間現象，我們要善於分別，然而，卻不可計較。計較即是纏縛，計較即是障礙。佛家所說的無住生活，就是一種「立足於本位，妙行於事功」的人生智慧。

（四）無得無失。

在佛法的眼界裡，一切現象，皆是生滅的，有生就有滅，有來就有去，因此，對於某些現象的獲得，就隱藏了對於某些現象的失去。一得一失，如露如電，如夢如幻，究竟是不可得的，其實，也是不可失的。所以，《妙花蓮花經》上說：「是法住法位，世間相常住。」

證悟了這個境界，才是「無得亦無失」，才是我們的本然的那個樣子。

佛法不是教人向外追求，而是教人返觀自識。在佛家看來，眾生的自心，本來是佛，所以，著相逐境，虛受塵勞。黃檗禪師說：「本佛上實無一物」，「向上更添不得一物」。釋迦佛也說：

須菩提，於意雲何？如來於燃燈佛所，有法得阿耨多羅三藐三菩提不？不也，世尊。如我解佛所說義，佛於燃燈佛所，無有法得阿耨多羅三藐三菩提。佛言，如是，如是。須菩提，實無有法，如來得阿耨多羅三藐三菩提。須菩提，若有法如來得阿耨多羅三藐三菩提者，燃燈佛則不與我授記，汝於來世當得作佛，號釋迦牟尼。以實無有法得阿耨多羅三藐三菩提，是故燃燈佛與我授記。

這段經文，正是說明「佛法無所得」的道理。既無所得，亦無所失。無得無失，即是佛法。假借方便，悟得本有。悟得本有，依而行之，即是合道之行，即是智慧之行。

隨緣應酬萬般事，心上不著即解脫

從最根本的意義上來講，佛教所說的解脫，並不是指放棄世事、隱遁山林。佛教所說的解脫，是指世事人情中的解脫，是現實生活中的不著相。只要不著相，不被幻相所奴役，這就是佛教裡所說的解脫，這就是佛教裡所說的大智慧。

人必須學會統體放下的本領，也必須學會統體舉起的本領，若能做到該予則予，該取則取，取予無礙，拿放自在，這才是真正的解脫。

佛教界有一則故事，是關於一休禪師的。這則故事，說明心靈的解脫，並不是離開世事人情的。

據說，有一天，一休禪師帶著兩位徒弟下山，去拜訪一位修行者。山下有一條小溪，平時，人可以步履而過，現在，剛剛雨過，水盈小溪，人可涉水而過。一休與兩位小徒弟來到山下，見河邊站著一位姑娘，大徒弟心想，應該避開女子，另行他道，這樣有利於修行；小徒弟心想：我只看到了姑娘的背影，還未見其芳容，師父啊，你不要另走別道，要向那個女子的方向走；老和尚不作趨想，不作避想，於心無事，無事於心，自自然然地來到了河邊。一休問：姑娘，你在這裡做什麼？姑娘說：我想過河，又怕濕了衣裳。一休說：那還是我背過你去吧。姑娘說：行。一休不作趨想，不作避想，於心無事，於事無心，於是，就把姑娘背了過去。

至此之後，兩位徒弟不再親近師父。時間久了，就被一休看出來了。一休問這兩位徒弟：你們兩個，為何不高興呢？大徒弟說：你沒有修行，不守戒，背了一個姑娘過河。二徒弟說：你說的一套，做的又是一套，事到關鍵，你比誰跑得都快。一休禪師一聽，拍額驚歎說：「啊！好可憐呀！我只不過把那女子從河的這一邊背到對岸，而你們卻在心中背負了好幾個月，你們真是太辛苦啦！」

若是有修養的人，他是空心利他的。傅大師有一首偈語說：

空手把鋤頭，步行騎水牛，

人從橋上過，橋流水不流。

黃檗斷際禪師云：「終日吃飯，未曾咬著一粒米，終日行，未曾踏著一片地。與麼時，無人我等相。終日不離一切事，不被諸境惑，方名自在人。」佛法的宗旨，唯在流暢無住，更無別道理。

從這則公案，我們知道，禪師的境界是無掛礙的，也是坦蕩蕩的。孔子說：「君子坦蕩蕩，小人長戚戚。」禪師的心是空淨的，是坦蕩的，就像鏡子現相，所現之相，是不會染在鏡子上的。然而，凡夫的心是著相的，是常戚戚的，弄聲捉響，那是徒勞自辛的。禪師立足於清淨的心體，隨緣應事而無所染著，所以說，禪師的作為是即事而超然的，徒弟的作為是即事而糾纏的。糾纏即是繫縛，超然即是解脫。

住境著相虛縈繞，頓悟心源本解脫

在《金剛經》中有一段經文，如果從宗教形式上來看，那必定是說「心外之佛」的。若從實際上而論，這也只是說「眾生心中的事」。《金剛經．住忍苦分》記載：

須菩提，忍辱波羅蜜，如來說非忍辱波羅蜜，是名忍辱波羅蜜。何以故？須菩提，如我昔為歌利王割截身體，我於爾時，無我相，無人相，無眾生相，無壽者相。何以故？我於往昔節節支解時，若有我相、人相、眾生相、壽者相，應生嗔恨。須菩提，又念過去於五百世作忍辱仙人，於爾所世，無我相，無人相，無眾生相，無壽者相。是故須菩提，菩薩應離一切相，發阿耨多羅三藐三菩提心。不應住色生心，不應住聲、香、味、觸、法生心，應生無所住心。若心有住，即為非住，是故佛說菩薩心，不應住色佈施。須菩提，菩薩為利益一切眾生故，應如是佈施。

黃檗禪師有一段禪機問答，揭示了《金剛經》這一段經文的涵義。

人問黃檗：《金剛經》中的「我昔為歌利王割截身體」，這一段經文的意思是什麼？

黃檗禪師答道：《金剛經》中的仙人，象徵著你的求道之心。《金剛經》中的歌利王，象徵著你的貪求之心。歌利王不守本位，向外貪利。譬如貪求色相時，壞卻仙人眼；貪聞聲相時，壞卻仙人耳，乃至貪求覺知時，這些都是自我壞亂，所以，叫做「節節支解」。（按：見色時，壞卻仙人眼，聞聲時，壞卻仙人耳。試問：如何能免得「壞卻仙人耳目」

呢？如何能免得被「節節支解」呢？答曰：金剛性體，無成無壞。於此「金剛性體」上，「無眼耳鼻舌身意，無色聲香味觸法，無眼界，乃至無意識界，無無明，亦無無明盡，乃至無老死，亦無老死盡，無苦集滅道，無智亦無得。」於此「金剛性體」上，更有什麼節節支解？諸人還識得麼？）

問：仙人忍受節節支解時，不應該更有節節支解，為什麼還是被節節支解了呢？

黃檗禪師說：你作無生解、忍辱解、無求解，這樣總是傷損。（按：著於無生，著於忍辱，著於無求，皆屬著相，皆屬「節節支解」。）

問：仙人被割截身體時，還知痛否？又云：在這其中，沒有受者，是誰受痛？

黃檗禪師說：你既不痛，出頭來覓個什麼？（按：痛時知痛，不痛時知不痛，此個「知痛知不痛的」是誰？百千法門，種種方便，只為識得這個「本來人」。）

三十七世黃檗希運禪師

依照黃檗禪師的見解，《金剛經》上所說的「忍辱仙與歌利王」這段公案，有其象徵性的涵義。忍辱仙人，象徵著「求道之心」；歌利王象徵著「外馳之心」。既然忍辱仙與歌利王，乃諸人心中之事，那麼，忍辱仙被歌利王割截身體時，即非另有他人割截自己也，是自己的歌利王，割截自己的忍辱仙。

真正「悟道不疑」的人，已度歌利王成佛，所謂「轉識成智」——轉前五識為成所作智，轉第六識為妙觀察智，轉第七識為平等性智，轉第八識為大圓鏡智。轉識成智，即是度歌利王成佛。所以《金剛經》上強調：「不應住色佈施。」佈施即是放下。外六塵、內六根、中六識，統統放下，不著一切相，也不著於「不著」，猶如明鏡照物，即相而離相，含相而清淨，這是「真佈施」也。

可見，忍辱仙與歌利王，乃《金剛經》用來表法的宗教概念，並不是人心之外的事。從佛教的「心本位」上來看，三千大千世界尚且不能離心而有，忍辱仙與歌利王，豈能離心而有？臨濟說：

你一念心疑，被地來礙；你一念心愛，被水來溺；你一念心嗔，被火來燒；你一念心喜，被風來飄。若能如是辨得，不被境轉，處處用境。東湧西沒，南湧北沒，邊湧中沒，履水如地，履地如水。緣何如此？為達四大如夢如幻故。

從心性哲學上來說，疑、愛、嗔、喜，乃緣心而起的四種境界，也是唯心所生的四種法相。法相或曰作用，變動不居，無有自體：過去的已過去，不可得；現在的不停留，亦不可得；未來的還未來，亦不可得。由於不可得的緣故，所以，叫做非實有。佛教要人們「如是辨得」，「處處用境，不被境轉」。如是「運用自在，自在運用」，就是臨濟禪師所說的「東湧西沒，南湧北沒，邊湧中沒，履水如地，履地如水」的真正含義，也是《金剛經》上所說的「無住妙行」。

《金剛經》以般若妙性為體，以無住妙行為用，《金剛經》的意旨，在於使人不著事相，不被事相縛，不著法相，不被法相縛，乃至於不著佛相，不被佛相縛。

有一位著名的禪師，人稱德山宣鑑，俗姓周，二十歲出家，精究律藏，深通經義。原來，他在四川講《金剛經》，因為講得妙，人們稱他「周金剛」。宣鑑注解了一部《金剛經》，書的名字就叫《青龍疏鈔》。宣鑑聽說南方的禪法，「直指人心，頓悟成佛。」宣鑑以為，「頓悟成佛」，這一定是魔說。一個人要想修行成佛，須要千劫學佛的威儀，萬劫學佛的細行，然後才能成佛。他南方魔子，竟敢說「頓悟成佛」！於是，他便發身南行，擔著《青龍疏鈔》，直往南方，去破除這些魔子。

宣鑑走到澧州這個地方的時候，見到一位老婆婆在路邊賣油糍。油糍是當地的一種食品，類似於現在糯米做的飯團子。宣鑑走得肚子餓了，便放下擔子，歇歇腳，吃點飯。

老婆婆問他：你擔的是什麼啊？

宣鑑說：是我著的《青龍疏鈔》，是解釋《金剛經》的。

老婆婆說：我問你一個《金剛經》上的問題，你若能答得出來，我就佈施油糍給你作點心；若答不出來，你就是花錢賣，也不給你吃。

宣鑑想：我是研究金剛經的，還怕你這婆子問的問題？於是，胸有成竹的說：你問吧。

老婆婆問：《金剛經》上說：過去心不可得，現在心不可得，未來心不可得。和尚，您要點哪個心呢？

宣鑑原以為自己通達經中的妙義，沒有什麼問題能夠難倒他，誰知到了這裡，卻被一個婆子給問住了。宣鑑乾瞪眼，就是答不上來。老婆婆就指點他：那你就參訪龍潭崇信禪師去吧。

宣鑑到了龍潭禪師那裡，一進門就說：早就嚮往龍潭，誰知到了龍潭，潭也不見，龍也不現。

龍潭禪師從屏風後走出來，說：你已經親自到了龍潭了。（試問諸位：「潭也不見，龍也不現。」怎麼會是「親到龍潭」了呢？《金剛經》上說：「若見諸相非相，即見如來。」若有所見，即是非見。）這是龍潭禪師對宣鑑的直接指示，但是，宣鑑心粗，沒有當下契入。

傍晚，宣鑑來到了龍潭禪師的住處，宣鑑在龍潭禪師面前，講了很多《金剛經》的義理。可是，龍潭禪師一言不發，只是「嗯，嗯，諾，諾」地應酬，直至深夜。龍潭禪師說：「夜已深，你下去休息吧。」宣鑑道了個晚安，開門欲出。宣鑑一看外面，伸手不見五指，便又退回，說：「外面黑。」龍潭禪師給了他一盞燈籠。宣鑑剛接到手裡，龍潭禪師「撲」地一下就把燈籠吹滅了。於此當下，宣鑑豁然大悟，立即向龍潭禪師頂禮。

三十七世龍潭崇信禪師

「吹燭」怎麼就使人悟道呢？這是怎麼回事？若諸位在這裡能夠透得過，則不別於宣鑑，也不別於釋迦。

龍潭禪師問宣鑑：「你見了個什麼，便禮拜？」宣鑑回答說：「從今以後，我再也不懷疑天下老和尚說的話了！」

第二天，宣鑑把《青龍疏鈔》，堆在法堂前，舉起火炬說：「窮諸玄辯，若一毫置於太虛；竭世樞機，似一滴投於巨壑。」於是，將《青龍疏鈔》，付之一炬。

以上這則公案，說明了著相受縛的道理。真解脫者，一法住著，任運天然。若欲行得如是事，須是識得本來人。

理論見解終不是，須是當人識得真

佛法不是一種邏輯哲學，它是一種人生修養意義上的境界哲學。在佛教文化裡，雖然也講一些道理，然而，這些道理，並不是佛教的看法，而是用來教化眾生的方便方法。一切文字經典，一切學術義理，都不是「真正的佛法」，所以，佛教裡有一種說法，叫做「無字真經」，也叫做「言外之意」。

三十六世百丈懷海禪師

佛家有一個公案，就說明了「執著於理論見解」，那是一種自我繫縛，而不是智慧解脫。

香嚴智閑禪師，原來是百丈懷海的弟子，百仗懷海在世的時候，香嚴智閑沒有開悟。百丈懷海圓寂之後，香嚴智閑又跟著自己的師兄——溈山靈祐繼續學習，做了他師兄的徒弟。香嚴智閑的佛學理論很好，佛教的道理也能講很多，可是，他就是沒開悟。為什麼他沒有開悟呢？這是因為，他住著在佛法的道理上，也就是說，他的佛法是理解的，而不是證悟的。

溈山禪師要改掉香嚴智閑的毛病，於是，就對香嚴智閑說：我知道你很聰明，在百丈先師的門下時，你能問一答十，問十答百。我實話告訴你，這只是你的聰明伶俐，也是你的顛倒妄想，也是你流轉生死的根本原因。現在，我問你一個問題，你給我說說看：「父母未生你之時，那個時候，哪個是你的本來面目？」請你說說看。

智閑被這麼一問，直得茫然。智閑回到自己房間，把平日看過的書籍，從頭到尾，搜尋一遍，要找出一個答案。結果是，遍尋經典，竟然找不到。這時，他自歎道：畫餅是不能充饑的。香嚴智閑多次要求溈山禪師給他說破，可是，溈山禪師卻說：我要是給你說了，你以後會罵我的。我說的是我的，終不干你的事，這事還須你自己透過去。這時，香嚴智閑把自己平日所看的書，一舉燒卻，說：我這一輩子，不再學佛法了，就只作個「心中無事」的吃飯僧，免得勞累心神。

香嚴智閑哭著辭別了他的老師，來到了南陽，看到了慧忠國師的遺跡，於是，就在這裡住了下來，自耕自種。

三十七世溈山靈祐禪師

有一天，給莊稼鋤草，鋤到了一片瓦礫，於是，他彎腰拾起，拋出地界。不料，這片瓦礫打在了竹子上，「啪」地一聲。於此當下，他悟道了——這不正是「無有面目的本來面目」嗎？這不正是「生生不息的本源真性」嗎？

諸佛祖師，千言萬語，只是為了「它」。擊竹之聲，猶如空中閃電，一閃而過，恰恰襯托出自性虛空的存在。擊竹之聲劃破心性虛空，然而，覓其劃痕，了不可得。此「應聲有響，了無痕跡」的無相心體，正是我們的本來面目。

香嚴智閑開悟之後，沐浴焚香，遙禮自己老師。香嚴智閑讚嘆他的老師道：和尚大慈大悲，恩逾父母。當時如果給我說破，哪裡還會有今日之事？智閑便寫了一首偈曰：

一擊忘所知，更不假修持。
動容揚古路，不墮悄然機。
處處無蹤跡，聲色外威儀。
諸方達道者，鹹言上上機。

香嚴禪師的老師聽說了此事，就對自己的弟子們說：智閑（香嚴智閑禪師）已經開悟了。

香嚴禪師的師兄仰山禪師，聽老師說自己的師弟開悟了，便前去勘辨，想親自看一看，自己的師弟是否真的開悟了。

仰山禪師來到香嚴禪師這裡，說：我們的老師說你開悟了，請你說說看。香嚴述說了自己的悟道因緣。仰山禪師聽了香嚴禪師的述說，更進一步地堪辨道：這只是你的一點體會，你如果真地開悟了的話，請你再說說看。

香嚴禪師又說了一首偈，曰：

去年貧，未是貧，今年貧，始是貧。去年貧，猶有卓錐之地，今年貧，錐也無。

（按：去年貧，猶有卓錐之地。這個卓錐之地，就是他的老師給予他的那個問題：父母未生時，試道一句看。今年貧，錐也無。也就是說，疑情頓釋，問題消融。一法不拘，隨緣應用。這個「貧」，不是俗情所說的「貧」，乃「極貧」之「大有」也。）

仰山說：噢！如來禪許師弟會，祖師禪未夢見在。

（按：這依然是仰山對香嚴的勘辨，並不是說除了如來禪，還有一個祖師禪。如來祖師一心印，輾轉相傳不相異。那麼，仰山卻說：「如來禪許師弟會，祖師禪未夢見在。」此意又如何？答曰：進一步堪辨，看一看香嚴禪師是否「腳下有根」。假若香嚴禪師沒有真正地開悟，他便會更求祖師禪。可是，香嚴禪師不再受惑。）

香嚴又作了一首偈，回答了仰山。曰：

我有一機，瞬目視伊。

若人不會，別喚沙彌。

香嚴禪師的這「瞬目視伊」的「一機」，正是恆常寂照的無相心體。如來禪，祖師禪，心心不異莫顢頇。若欲心外更求禪，當下失卻本來面。仰山回來告訴他的老師說：我的師弟真的開悟了。

由此可見，佛家的般若智慧，不是理論見解，也不是學術研究。對於般若智慧來說，任何捨本逐末的理論見解，任何捨本逐末的邏輯思維，都不是智慧解脫，而是作繭自縛。

善用諸相不著相，隨緣任運自在行

我們之所以不能隨緣自在，就是因為我們執著於事相。我們執著於事相，事相也就成了我們心中的累贅。既然心中有了累贅，我們的心就不能自由自在，就像一個夢中的人，夢見自己被囚禁在牢獄裡，其實，這個夢中的「我」，以及夢中的「牢獄」，根本就是虛妄不實的。儘管是虛妄不實的，然而，對於夢中的人來說，那個夢中的牢獄，還是具有約束力的，所以，這個夢中的人，就被這個夢中的牢獄，牢牢地控制著。這個夢中的人，如果一時覺醒，就會頓時獲得解脫，夢中的「我」，以及夢中的「牢獄」，全都一時消盡。

三十五世江西道一禪師

正是因為如此，所以佛教裡才說：「知幻即離，不作方便。離幻即覺，亦無漸次。」可是，凡夫眾生，未能醒悟，所以，不得解脫。

在禪宗史上，有兩位著名的禪師，一位是馬祖道一禪師，另一位是石頭希遷禪師。當時的許多學人，往來於這兩位大禪師之間，向他們參禪問道。有一天，石頭希遷禪師的道場，來了一位參禪的僧人。

石頭希遷就問這位新來的僧人：你從哪裡來啊？

僧曰：我從江西來。

希遷禪師問：既然是從江西來的，那麼，你一定是見過馬大師了？

僧曰：是。

於是，希遷禪師指著一橛柴問這位僧人：馬大師像不像這橛柴？

這位僧人，不知所措。

後來，這個僧人又回到了江西，見到了馬祖。他對馬祖說：希遷禪師指著一橛柴問我：馬大師像不像這橛柴？我不知如何回答。

馬祖就問這個僧人：你見到的那橛柴，到底有多大啊？

僧曰：不太大。

馬祖說：你很有力量。

這個僧人更加納悶。於是，問馬祖：您說我很有力量，這是什麼意思呢？

馬祖說：你從希遷禪師那裡，給我背來了一橛柴，這不是很有力嗎？（按：這個僧人，在石頭希遷那裡，著了一橛柴相，至今尚未放下，這正是馬祖問話的涵義。）

希遷禪師的第一問：你從哪裡來啊？這是石頭希遷對來者的勘辨。如果來者是一位悟了道的人，他可以有兩種回答，一是俗情立場上的回答，說：「我從江西來。」二是禪宗立場上的回答，說：「萬法從本來」，或彈指一聲，說：「不從別處來。」或由東過西，或由西過東，然後而立，曰：「不從別處來。」等等，所有答話，盡顯本真。

這個僧人就俗情而答話，說自己「從江西來」。既然是從江西來，又是一個禪客，自然是見過馬大師了。希遷禪師更進一步問道：「見過馬大師嗎？」僧人說：「我見過馬大師。」希遷禪師所說的「見過馬大師嗎？」這個「見」，是指「實相之見」，而不是指「色相之見」。然而，這個僧人所說的「見」，恰恰是「色相之見」。

這個僧人，只見馬大師的色相，而不會馬大師的真義，所以，希遷禪師指著一橛柴問這個僧人：「馬大師像不像這橛柴？」面對著這樣的問話，此僧不知如何回答：如果說馬大師像似這一橛柴，那麼，這一橛柴是無情之物；如果說馬大師不像這一橛柴，那麼，希遷禪師又為什麼這樣問呢？這個僧人，只在色相上著意，而不識馬大師「真義」。如果是明眼衲僧，自會答他希遷禪師道：「在在處處，何處不是？」可惜，這個僧人不會希遷禪師的意，卻回來問馬大師。

仰山禪師與南塔禪師，兩人都是悟了道的人，在他們兩人之間，有一段禪機問答。

仰山禪師問南塔禪師：你來作什麼？

南塔光湧云：我來親近和尚。

仰山禪師云：你看見我了嗎？

南塔光湧云：看見了。

仰山禪師云：你看我和尚像不像驢？

南塔光湧云：我看和尚也不像佛。

仰山禪師云：如果不像佛，那麼，你看我像個什麼？

南塔光湧云：若有所像，與驢還有什麼差別呢？

仰山禪師大為吃驚，云：凡聖兩忘，情盡體露。二十年來，我用這一問題勘驗學人，沒

有一個透得過的，今天，你透過了這個根本大事。你以後可要好好地保任啊！

以上的禪機問答，都是禪者的那個境界上的事，不是一般人所能透得過的。我們可以想想，赫赫有名的仰山禪師，問南塔光湧：你看我像不像驢？假如南塔光湧是個俗情人，早已被仰山禪師的這一問問得不知所措了。可是，南塔光湧見地透徹，能夠立足於「本來面目」上而答話：我看和尚不但不像驢，也不像佛。仰山又問：那你看我像什麼？

南塔光湧回答道：如果有所像，即屬於有相；有相平等，與驢還有什麼差別？無形無像，不似一物，更說什麼像與不像？仰山禪師聽到他的回答，大為震驚，非常高興。於是，就印證了南塔禪師：「**凡聖兩忘，情盡體露。吾以此驗人，二十年決覺了者。子保任之。**」

善用文字離諸相，以心傳心悟真乘

佛教善於運用文字，而又不著於文字，所以釋迦佛對須菩提說：「**汝勿謂如來作是念，我當有所說法。莫作是念。何以故？若人言如來有所說法，即為謗佛。不能解我所說故。須菩提，說法者無法可說，是名說法。**」神會禪師說：「**六代祖師，以心傳心，離文字故。**」

禪宗「不立文字」，並不是不用文字，更不是廢除文字，而是「善於運用文字，而又不著於文字」。即文字而離文字，即離同時，無有先後，這就是「不立文字」的義。

黃檗希運說：「**祖師西來，直指人心，見性成佛，不在言說。**」也就是說，達摩祖師千里迢迢而來，不是為了「傳授文字」，而是為了「直指人心，見性成佛」。

四十二世法眼文益禪師

法眼文益在《禪門十規論》中也說：

「**祖師西來，非有法可傳，……但直指人心，見性成佛**」。**傳法者無法可傳，受法者無法可得。傳法者，直指人心；受法者，領悟自心。所以說：「祖師西來，非有法可傳……但直指人心，見性成佛」**。

佛即是本覺自性。本覺自性，能生萬法，豈能不生文字？本覺自性，一塵不染，豈能染於文字？能生文字，即是「即文字」；不染文字，即是「離文字」；即文字而離文字，即是善用文字。世人得聞禪門「不立文字」，便以為禪門「摒棄文字」，因而，心生困惑：禪門既然「不立文字」，為何更有禪門語錄流行於世？豈不是自相矛盾嗎？世人這樣的責難，正是世人的誤解，而非禪門之過。試想：若「立」一個「不立文字」，這也是「立文字」，豈能是「不立文字」。禪門諸德，豈能不知？答曰：禪門不立亦不廢，對根當機化有情。豈能以「無言說」為是？

在佛教文化的傳播過程中，佛教理論愈演愈繁，經典注疏愈注愈多。佛教文化的理論化、繁瑣化，使佛教文化越加成為智力超常者的特殊欣賞物，大眾智力，難以接洽，更無法依而行之。因此，佛教文化也就越來越遠離了它普度的物件。即使以研習經論為本事的法師，也多是依文解義，未曾親證「佛教文化的非宗教第一義」。佛教唯以「一大事因緣」出現於世間，說大說小，說空說有，說偏說圓，說顯說密，說漸說頓，種種方便，只為一事——明心見性。「心」，是諸法之本，所以，叫做法性。「心」，是成佛之本，所以，叫做佛性。《華嚴經》上說：「若人欲了知，三世一切佛，應觀法界性，一切唯心造。」《華嚴經》上所說的這個「心」，不是生理學意義上的肉團心，也不是宗教學意義上的「靈魂」，也不是唯物論意義上的「反映」，而是「照見萬相，緣生萬法」的無相心體，也是大地眾生的「本來面目」。

俗人陷入世間相，法師陷入佛法相。為「破相顯真」之故，禪宗應運而生，直指人心，見性成佛。禪宗的應運而生，正是佛教演變的必然。

禪宗不立文字，不是廢除文字，而是「善用文字而不著於文字」，也是「即文字而離文字」。若不用文字，則無以指示心要。若著於文字，則文字便成了法障。人有多般，各具材質。法有多種，因材施教。若立文字，若說定法，恰似百千病狀，執藥一方，豈能普度眾生？醫無定方，因人而異，禪宗不立，意亦如此。

第七章　佛教的宗教隱喻

佛教文化與莊子寓言有相似之處，它們都是運用「玄妙的文化形式」，隱喻「實際的文化內容」。從俗情的立場來看，佛教文化所說的那些內容，大都不是現實生活中的事，而是冥冥之中的另一個世界中的事。佛教文化真的是這樣的嗎？不是的。這是因為，佛教文化所採用的文化形式，是一種宗教隱喻，也就是說，佛教文化的表面形式是宗教的，然而，它的實際內容，卻是現實人生的，就像《西遊記》這部哲學名著，它絕不是一部茶餘飯後的文化消遣，它「故事裡面的故事」，也是相當深刻的。現在，我們就結合佛教文化，來說明佛教的宗教形式與現實人生的統一，以便使我們更加清楚地看到佛教文化所隱喻著的人生內涵。

返觀自鑑悟本有，即是如來真實意

佛教有三乘之說——小乘、大乘、佛乘。佛教裡所說的這個「乘」，就是「車」的意思。車是用來載人的，在佛教裡來說，就是用來乘載眾生到達覺悟彼岸的工具。佛教裡所說的三乘——小乘、大乘、佛乘，是佛教所設立的三種方便，不是佛教的歸宗至本的意。佛教的歸宗至本的意，意在每個人的無相心體，也就是每個人的真實自我。所以說，佛教所說的那些事，並不是遠在他方的事，而是每個人當下的事。黃檗禪師說：

如來所說的一切教導，都是為了度化世人，就像拿起一片黃葉，在小孩的面前，是為了哄著小孩不哭。佛法是為了讓人識得自己，向外是不得一法的。如果是有所得的話，那就不是佛法，而是心外求法的外道之法，所以佛經上說：實在是無有少法可得。若也會得此意，方知佛道魔道俱錯。本來清淨皎皎地，無方圓、無大小、無長短等相，無漏無為，無迷無悟，了了見無一物，亦無人，亦無佛。

依照黃檗禪師的說法，佛教是「以幻法度幻人」，皆屬「止小兒啼，決定不實」。黃檗禪師的「無有少法可得」的說法，與《金剛經》的說法是相同的。在《金剛經》上，釋迦佛問須菩提：

須菩提，在你看來如何？如來在燃燈佛那裡，得到了什麼佛法沒有？須菩提回答道：不也，世尊。據我的理解，你在燃燈佛那裡，並沒有得到一點點的佛法。釋迦佛說：是的，是

的，你說得很對，我在燃燈佛那裡，沒有得到一點點的佛法。須菩提，我告訴你，我實在是沒有從然燈佛那裡得到一點點的佛法，如果我在燃燈佛那裡得到了一點點的佛法，燃燈佛就不會對我說：你真正地明白了佛法，將來一定能夠成為一位大慈大悲的大覺者。

佛教裡所說的佛法，從根本上來講，並不是文字經典，也不是秘密咒語，而是我們的無相心體。我們的這個無相心體，不是向外求來的。就像佛教裡所說的「力士額內珠」，「演若達多頭」，「貧子衣中寶」等等典故，都說明了佛法不是向外求來的，而是自己本有的。

據佛經上記載，有一天，釋迦佛在靈山法會，登上講臺，默默地看著大眾。然後，隨手拿起一束鮮花，向著大眾，微微一拈。這時，大眾罔措，只有佛陀的大弟子——迦葉尊者，發出了會心地微笑。這時，佛陀就對大眾說：**「吾有正眼法藏，涅槃妙心，實相無相，微妙法門，不立文字，教外別傳，咐囑摩訶迦葉。」**

初祖摩訶迦葉尊者

從此之後，也就有了「直指人心，見性成佛」的禪宗。

佛陀在靈山會上「拈花示眾」，所傳授的佛法，並不是佛陀手中的那束「鮮花」，而是「映現那束鮮花的無相心體」。試問：我們是用什麼看到的那束鮮花呢？答曰：是用我們的心靈。釋迦佛面對著大眾，拈動束鮮花，無非是要讓大眾體會到這個「悠然見鮮花」的「涅槃妙心」。涅槃，就是不生不滅的意思。涅槃妙心，就是我們的不生不滅的無相心體。這個涅槃妙心，明來見明，暗來見暗，胡來現胡，漢來現漢，它是不會隨著明暗之相而生滅變遷的。假若我們的這個心靈，隨著光明的生滅而生滅，那麼，當光明消失，黑暗出現時，我們又為什麼能夠見到黑暗呢？假若我們的這個心靈，隨著黑暗的生滅而生滅，那麼，當黑暗消失，光明出現時，我們又為什麼能夠見到光明呢？我們所見到的光明與黑暗，這兩種現象是交替出現的，而我們的見到光明與黑暗的心靈，卻不是交替出現的。我們的心靈，不但不隨著光明與黑暗的生滅而生滅，我們的心靈，也不會隨著其他現象的生滅而生滅。

再觀察一下我們的心理現象。前一個念頭已經過去，然而，我們能夠生出前一個念頭的心體，卻是未曾過去的。假若我們的心體，隨著前一個念頭的消失而消失了，那麼，我們就不會生起後一個念頭。我們的各種思想，我們的各種心態，以及所見到的各種境界，都是剎那剎那地生滅的，而我們的這個心體，卻是未曾有絲毫間斷的。我們的這個心體，是一個空靈的性體，它不是一個有形有相的實物，它是「能為萬相主，不逐四時凋」的無相心體。學人只須識得這個「主人公」。

在靈山法會上，佛陀傳法於摩訶迦葉，其實，佛陀是什麼也沒有傳的，迦葉也是什麼也沒有得的。佛陀只是用手中的那束鮮花啟發了迦葉。迦葉只是在佛陀的啟發下，如實地領悟到了那個「悠然見鮮花」的。所以，佛陀對迦葉說：「法本法無法，無法法亦法，今付無法時，法法何曾法。」

「法本法無法」。意思是說，佛法是沒有什麼法可傳的，佛法是心靈之法，我們怎麼能把自己心靈傳給別人呢？別人又怎麼能夠接受我們的心靈呢？心靈之法是人人本有的，不是別人傳給的。所以說，佛法是沒有什麼可傳的。

「無法法亦法」。雖然沒有什麼法可傳，然而，不妨與人指示個方便，讓人依照某種方法，慢慢地去體悟這個心靈之法，慢慢地去認識自我。所以說，雖然沒有什麼法可傳，然而，也不妨有方便指示之用。

「今付無法時，法法何曾法」。意思是說，對心靈的指認，雖然有種種方便，百千法門，然而，哪一種方便法門也不是「實相第一義」。所以說，文字經典，不是「真經」，祖師開示，也不是「真經」。那個「無形無相、能現萬相」的才是真經，所以說「無字是真經」。我們心靈，非大非小，非方非圓，無形無相，所以，只有我們的心靈，才能堪當此事，只有我們的心靈，才是「無字真經」。所有的「有字佛經」，都是為了指示這個「無字真經」而已。

方便化城非真實，一乘了義只當下

在《妙法蓮華經》中，有「化城」與「寶所」的比喻。一般學佛的人，為什麼不識「寶所」呢？這主要是因為，他們執著在「化城」上。那麼，什麼是《妙法蓮華經》所說的「化城」呢？「化城」就是引導眾生的方便法門。什麼是《妙法蓮華經》所說的「寶所」呢？這個「寶所」，就是我們的無相心體。化城非寶所，舟船非彼岸。一般學佛的人，執化城為寶所，認舟船為彼岸，所以，不達寶所，難登彼岸。所以《妙華蓮華經》告訴人們：遠處化城是假，當下寶所是真。就像黃檗禪師所說的：

言化城者，二乘及十地，乃至等覺妙覺，皆是權立接引之教，並為化城也。言寶所者，乃真心本佛自性之寶，此寶不屬情量，不可建立，無佛無眾生，無能無所，何處有城？若問此既是化城，何處為寶所？寶所不可指，指即有方所，非真寶所也，故雲在近而已。（按：《法華經》上也說：汝等去來，寶處在近。向者大城，我所化作，為止息耳。）在近者，不可定量言之，但當體會，契之即是。

釋迦佛教，統攝三乘：羊車、鹿車、白牛車。三乘方便，因人而設，誘掖學人，頓悟一乘。至於一乘，本無三車，亦無化城，唯此一心，更無二義。此一心者，禪宗直指之處，也是「三乘方便」指歸之處。佛教所說「化城」，是接引迷情的方便方法。佛教所說「寶所」者，就是諸人的無相心體。《法華經》的本意，意在「寶所」，不在「化城」。

著相住境受繫縛，當下無心即解脫

從佛法的角度上來看，如果一個人執著於佛，那麼，他就會被他所執著的佛所繫縛。如果一個人執著於菩薩，他就會被他所執著的菩薩所繫縛。如果一個人執著於涅槃，他就會被他所執著的涅槃所繫縛，總之，凡有所執著，皆會成為繫縛。佛教並不直說此理，而是隱含的表達此意。試看《維摩詰經》中，是如何表達「凡有執著，皆成繫縛」這個道理的。

維摩詰的方丈室裡，有一位天女，見到各位菩薩、羅漢等聖人，在聽維摩詰居士說法。這位天女見到這種情景，十分地高興，於是，感得天女散花，讚嘆此情此景。天女所散的天花，落到菩薩身上的時候，天花便會自然落地，菩薩身上毫無沾染。然而，天花落到羅漢身上的時候，天花便著在身上，羅漢們運用自己的神力，試圖去掉這些天花，結果是，愈去而愈黏，根本去不掉。

在這個時候，天女就問羅漢，你們為什麼

維摩詰

要去掉這些天花呢？羅漢們回答：這些天花，不符合佛法，所以，應該去掉。天女說：羅漢們啊！你們不要說這些天花不符合佛法，為什麼呢？這些天花是無所分別的，是你們自己妄生分別。你們如果要學習佛法，就不應該著相分別，以為這種法是符合佛法的，那種法是不合佛法的。如果你們有了這樣的妄想分別，並且住著在這些差別法相上，那就不能算作是通達佛法的人。你們看看這些菩薩，天花落到了他們身上，就會自然地落地，這說明了他們已經沒有了妄想分別。

天女散花，落在菩薩身上，自然地就會滑落到地上，菩薩身上不會有任何污染。然而，這些天花落到羅漢身上的時候，卻都沾在身上，成了污染。為什麼會這樣呢？這是因為，阿羅漢著相。阿羅漢執著於小乘佛教，以「苦集滅道」「十二因緣」為佛法，在他們看來，符合「苦集滅道」「十二因緣」的，他們就認為符合佛法，相反，不符合「苦集滅道」「十二因緣」的，他們就認為不符合佛法。符合「苦集滅道」「十二因緣」的，他們就極力地執著，不符合「苦集滅道」「十二因緣」的，他們就極力排斥，他們在虛幻的法相上，妄生取捨，結果是，合泥和水，成了污染。

意解卜度終不是，放下意解證菩提

在佛教看來，如果一個人還沒有明心見性，即使他說得天花亂墜，也屬於妄念自繞。達摩大師說：「若不見性，說得十二部經教，盡是魔說，魔家眷屬，不是佛家弟子。」禪師們為了給人們解黏去縛，總是運用各種手段，打破人們的妄念自繞，使人證悟到「無縛無脫的本來面」。

在佛教裡，有一段公案：

無邊身菩薩，將竹杖量世尊頂，杖六了又杖六，量到梵天，不見世尊頂。乃擲下竹杖，合掌說偈云：虛空無有邊，佛功德亦然。若有能量者，窮劫不可盡。

為什麼無邊身菩薩不見世尊頂？從本體論上來說，佛教裡所說的世尊，並不是我們的心外之物，也不是「三十二相，八十種好」的有相佛，而是指每一個人的真實自我，也是無邊身菩薩的真實自我。既然是這樣，用竹杖量世尊頂，正是杖量自己。如果是這樣的話，無邊身菩薩走遍天涯海角，也是出不得他自己的。

世尊象徵著每個人的無相心體；以竹杖量世尊頂，象徵著用思維來測度無相心體；梵天象徵著很清靜的心境。量至梵天，仍不見世尊頂，象徵著心境已經很清靜了，然而，依然不是「無相之實相」。莫說量至大梵天，即使量至無色界天，這個「無色」，也是愚者不辨之境，不是遍含諸境的無相心體。猶如有人，遍行天涯，也只是在他自己的覺性光明裡。無邊身菩薩，杖量世尊頂，量至梵天，也依然不出他自己的覺性光明。用我們的意識，測度佛法的大義，恰似無邊身菩薩用竹杖量世尊頂，所以，不能得見。

三十六世百丈懷海禪師

黃檗禪師禪師有一段的禪機問答，揭示了「無邊身菩薩不見如來頂相」的宗教含義：

人問黃檗禪師：無邊身菩薩，為什麼不見如來頂相呢？

黃檗禪師說：無邊身菩薩即是如來，不應更見。這一段公案，只教你不作佛見，不落佛邊；不作眾生見，不落眾生邊；不作有見，不落有邊；不作無見，不落無邊；不作凡見，不落凡邊；不作聖見，不落聖邊；但無諸見，即是無邊身；若有見處，即名外道；外道者樂於諸見，菩薩於諸見而不動；如來者，即諸法如義，所以云：彌勒亦如也，眾聖賢亦如也。

黃檗只叫人不落「凡聖有無之邊見」。不作凡見，不被凡縛，不作聖見，不被聖縛，不作有見，不被有縛，不作無見，不被無縛。善於分別諸法相，於第一義而不動，即名諸法如義。這也就是告訴我們，只要是我們不著相，就不會被纏縛。只要是不被纏縛，就是智慧解脫。

百丈懷海也告誡人們，脫開「邊見」，不被「邊見」所縛，這樣就是見到了「如來頂相」——明心見性。

人問：無邊身菩薩見不到如來頂相，這是怎麼回事呢？

百丈禪師說：為作有邊見、無邊見，所以，不見如來頂相。現如今，打破一切有無之見，這就是如來頂相現。

由此可見，思維上求解，是不能證悟自己的無相心體的。要想證悟到自己的無相心體，就必須把自己的意識之光返過來，體察自心。如果不體察自心，不明了自心，而是一味地向外追尋，那一定是與佛法相違背的。人欲識得佛，只須識得心。如是識得心，本來如如佛。這才是佛法的真正用意。

力士額珠本自有，眾生法身皆具足

一切眾生，皆具如來智慧德相，皆能成就佛道，這是大乘佛教的一貫說法。佛教表述「眾生皆具如來智慧德相」的具體方式很多，概括起來，可分為兩類，一是直指；二是隱喻。

第一，直指的方法。所謂直指，就是不藉助於宗教形式，直截了當地指示「眾生的心性」，令眾生「見性成佛」。譬如《華嚴經》上說：

爾時如來，以無障礙，清淨智眼，普觀法界一切眾生，而作是言：奇哉！奇哉！奇哉！此諸眾生，雲何具有如來智慧，愚癡迷惑，不知不見。我當教以聖道，令其永離妄想執著，自於身中，得見如來廣大智慧，與佛無異。即教彼眾生，修習聖道，令離妄想。離妄想已，

證得如來無量智慧，利益安樂一切眾生。

這一段經文，分明是說，佛與眾生，本來是沒有什麼差別的。眾生本來具有「如來智慧德相」，只是由於顛倒妄想的緣故，所以，不能證悟自己的「如來智慧德相」。如果離開妄想執著，如來智慧自現。所以《華嚴經》上說：「我當以聖道，令諸眾生，永離妄想，於自身中，得證如來智慧，與佛無異。」一大藏教，三乘方便，無量法門，只為眾生識得本有，向外更不得一法。不得一法，也不捨一法。若得一法，即多一法。若捨一法，即少一法。有得有捨，有增有減，就不是「佛法的第一義」。諸法如如，生滅幻化，心如圓鏡，隨緣盡現。胡來現胡，漢來現漢，明來現明，暗來現暗。胡漢明暗，一齊當前，圓明心性，隨緣遍現。胡漢明暗，一時泯卻，心性妙體，絲跡不留。故謂之「心性常清淨，普含一切法」。禪門教化，或直說，或繞說，或瞬目，或揚眉，只為學人識得自己——親證自己的「如來智慧德相」。

《大般涅槃經》上說：

佛告迦葉，善男子，譬如王家有大力士，其人眉間有金剛珠，與餘力士較力相撲，而彼力士，以頭抵觸其額上，珠尋沒膚中，都不自知，是珠所在。其處有瘡，即命良醫，欲自療治。時有明醫，善知方藥，即知是瘡，因珠入體，是珠入皮，即便停住。是時，良醫尋問力士：卿額上珠，為何所在？力士驚答大師醫王：我額上珠乃無去耶。是珠今者為何所在？將非幻化，憂愁啼哭。是時，良醫慰喻力士：汝今不應生大愁苦，汝因鬥時，寶珠入體，今在皮裡，影現於外。汝曹鬥時，嗔恚毒盛，珠陷入體，故不自知。是時，力士不信醫言。若在

皮裡，膿血不淨，何緣不出？若在筋裡不應可見。汝今云何欺誑於我？時醫執鏡以照其面，珠在鏡中，明瞭顯現。力士見已，心懷驚怪，生奇特想。善男子，一切眾生，亦復如是。不能親近善知識故，雖有佛性，皆不能見。

佛教無一法可傳，也無一法可得。傳法的人，無一法可傳，只是開示學人，如是識得自己。得法的人，也無一法可得，只是如實地識得了自己。除此之外，向外更不得一法。所以黃檗禪師說：

世人聞道諸佛皆傳心法，將謂心上別有一法可證可取，遂將心覓法，不知心即是法，法即是心，不可將心更求於心，歷千萬劫，終無得日。不如當下無心，便是本法。如力士額珠隱於額內，向外求覓，周行十方，終不能得；智者指之，當時自見，本珠如故。學道人迷自本心，不認為佛，遂向外求覓，起功用行，依次第證果位，歷劫勤求，元不成道；不如當下無心，決定知一切本無所有，亦無所得，無依無住、無能無所，不動妄念，便證菩提；及證道時，只證本心佛，歷劫功用，並是虛修；如力士得珠時，只得本額珠，不關向外尋求之力。

佛教所說的佛法，人人本來具有，無關外求之事，就像力士額珠，隱於額內，向外周行十方，遍尋一切處，皆不得本額珠。若能息妄，返觀自鑑，則見額珠如故。及得額珠時，只得本額珠，無關向外求覓之功。佛法傳承，也像力士額珠，只須返觀自見，不須向外求索。若亦不見，須假他緣。待見之時，只見本心，向外更無一法可得。

法身報身及化身，本自具足非外得

如果我們閱讀佛教經典，或流覽佛教文章，就會經常看到法身、報身、化身這樣的宗教概念。人們常常依照佛教的文字，把法身、報身、化身想像得「玄之又玄」，其實，佛教的法身、報身、化身，都是我們人人皆具有的事。不但釋迦佛有法、報、化三身，即使我們每一個人，也有法、報、化三身。

佛教裡所說的法身、報身、化身，就是對我們自己的心體、心能、心相的宗教隱喻，也就是說，佛教是用宗教的形式，說明我們真實的自己，而不是說我們之外的事。

佛教裡說「佛法無邊」，我們就依照文字，想像佛法的廣大，結果，我們把佛法想像得很大。真是這個意思嗎？不是的。佛法無邊，是說佛法無形無相。我們眼前的一切，天地萬物，無不是有形有相的東西。即使虛空，也是有形相的。我們再仔細返觀一下，只有我們的心靈，是無有形相的，只有我們的心靈，是包容萬相的。無有形相的心靈，能夠顯現萬相。我們的心靈，透過我們的眼睛，領略種種形色，透過我們的耳朵，領略種種聲音，透過我們的鼻子，領略種種氣味，透過我們的意識，思考種種問題，等等。古人云：仰則成相，俯則成形。也就是說，當我們看到天空的時候，天空就我們的心中；當我們看到大地的時候，大地就在我們的心中。總之，我們隨緣所領略到的事物，無不是在我們的這個無形無相的心靈之光中。所以《楞嚴經》上說「十方虛空生汝心內，猶如片雲點太清裡。」

在唐朝，有一位歸宗禪師，他與當時的一位讀書人，人稱李萬卷，有一段「芥子納須彌」的禪機問答，恰好說明了佛教的「一心含萬相」道理。

李萬卷去拜見歸宗禪師。李萬卷問禪師：佛教裡說：須彌納芥子，芥子納須彌。我現在請教您一個問題，那麼小的芥子，怎麼能夠容納下那麼大的須彌山呢？你們佛教所說的「芥子納須彌」，這不成了妄語了嗎？

禪師反問李萬卷：您讀過多少書啊？

李萬卷答到：我讀了很多的書，人稱李萬卷。

禪師說：您把話說得太大了吧？

李萬卷說：我並沒有說大話啊！我確實讀了很多書。

禪師問他：你讀的那萬卷書，放到什麼地方了呢？（按：皆在一心中。這不是「芥子納須彌」嗎？）

李公言下禮謝，便做了禪師的徒弟。

一卷書中有萬種事，萬卷書中有無量事。萬卷書中的無量事，全在我們的心靈中。這正是佛教裡所說的「芥子納須彌」的宗教隱喻。

我們的這個無形無相的心靈，就是佛教裡所說的「法身」。這個法身，並不是釋迦牟尼佛所特有，我們每一個人也都具有。所以佛教裡說：大地眾生皆有

娑婆界一日月須彌山三界之圖

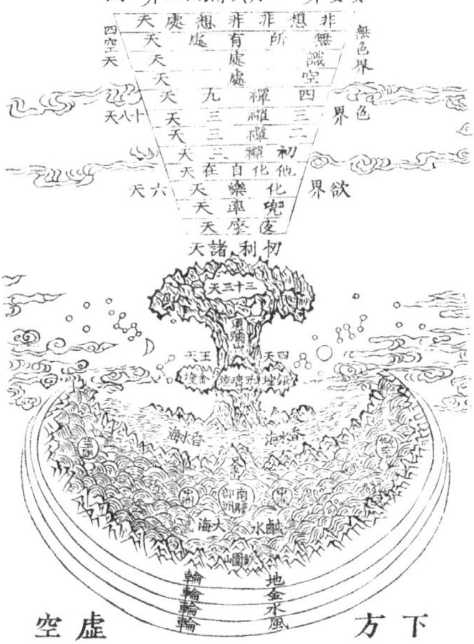

如來智慧德相。

那麼，報身與化身又是什麼呢？

我們人人都有這個清淨法身（照察諸相、一塵不染的心靈），我們也同樣具有報身。這報身，就是我們的知識經驗系統，就是我們的隨緣應事的能力，也是我們的通常所說的智慧。這個智慧，能夠根據不同的條件，合理地安排一切事情，合理地處理一切事情，待人接物，送往迎來，工作學習，發明創造，無不是靠著它的籌畫安排。它就是我們的報身，只不過佛教給了它一個宗教化的名字罷了。

所謂百千萬億化身，就是指我們的心靈的作用，也是指我們的心靈的變化。譬如我們的思考，我們的發明，我們的起心動念，我們的舉手投足，我們見聞覺知，等等，這都是我們的心靈的變化。沒有我們的心靈，誰來思考問題？沒有我們的心靈，誰來發明創造？沒有我們的心靈，誰來起心動念？沒有我們的心靈，誰來舉手投足？我們的心靈的種種變化，從早至晚，乃至於夢中，有無量之多。它就是我們的化身，只不過佛教給了它一個宗教化的名字罷了。

有人不免懷疑：思想行為，可以說是我們的心靈變化出來的，難道山河大地，種種自然現象，也是我們的心靈變化出來的嗎？若是這樣的話，不就成了主觀唯心主義了嗎？答曰：不是的，佛教不是這樣看問題的，佛教不是主觀唯心主義，也不是客觀唯心主義，而是一種「心本位的世界觀」。

當我們以「心」為「本位」來看這個世界的時候，我們就會發現，周圍的客觀事物，包括天地，以及天地間的種種自然現象，都是在我們的心靈之光的照耀之中的。猶如陶淵明的一首詩所說：

結廬在人境，而無車馬喧。
問君何能爾，心遠地自偏。
採菊東籬下，悠然見南山。
山氣日夕佳，飛鳥相與還。
此中有真意，欲辨已忘言。

在「心本位的世界觀」裡，南山不在當事人的心外，而在當事人的心中。我們的心光含攝中的一切事物，既包括我們的主觀現象，也包括我們的客觀現象，都是在我們的心中或生或滅、或隱或現的。從這個意義上來說，我們心中的一切形形色色，都是我們的心靈的化現。

一珠普現一切珠，一切寶珠一珠現

《華嚴經》中所說的「因陀羅網」，每一網結上皆有一顆寶珠。每一顆寶珠的光明，都是相互含攝的。佛教經典，就是用這樣的神奇玄妙的形式，隱喻眾生的真心佛性。《華嚴經》中的「因陀羅網」之喻，就是對眾生「心體、心用、心相」的宗教隱喻。《華嚴一乘十玄門》中說：

> 今言因陀羅網者，即以帝釋殿網為喻。帝釋殿網為喻者，須先識此帝網之相。以何為相？猶如眾鏡相照，眾鏡之影，見一鏡中。如是影中，復現眾影，一一影中，復現眾影，即重重現影，成其無盡復無盡也。
>
> 帝網舉一珠為首，眾珠現中。如一珠即爾，一切珠現亦如是。是故前經舉一菩薩為主，一切菩薩圍繞。一一菩薩，皆悉如是。又如諸方，皆來證誠，同其名號。一切十方證誠，皆亦如是。所以，成其無盡復無盡，而不失因果先後次第，而體無增減，故經云：一切眾生盡成佛，佛界亦不增，眾生界亦不減。若無一眾生成佛，眾生界亦不增，佛界亦不減也。

《華嚴經》中所說的「因陀羅網」，比喻「相互關聯著的眾生」，用現代的話來說，就是人際關係。因陀羅網上的寶珠，能夠顯現種種色相。每一顆寶珠的珠光，都是互相含攝的。一珠普現一切珠，一切寶珠一珠現，比喻眾生的心性，相互含攝，我中有你，你中有我。《華嚴經》所說的「一真法界」，即是眾生的一心界。眾生的一心界，即是一真法界。所謂一真法界，就是說全體是真，更無「真外之物」。從這個一真法界上來看，即使貪嗔癡性，也不是在佛性之外的事。大乘佛教的許多經典上，也是這樣說的。若不然的話，這個無相心體，就不可稱之為「萬法之源」了。萬法皆出於本源，本源能生萬法，如果本源佛性之外，更有貪嗔癡性，那麼，本源佛性就不是「萬法之源」了。

《諸法無行經》中說：「若菩薩見貪欲際即是真際，見嗔恚際即是真際，見愚癡際即是真際，則能畢滅業障之罪。」《維摩經》中說：「佛為增上慢人，說離淫怒癡為解脫耳。若無增上慢者，佛說淫怒癡性即是解脫。」

由於凡夫「背覺合塵」的緣故，所以，不知萬法皆是真際緣起。由於未證真際的緣故，所以弄聲捉響，虛營自鬧。若證悟了佛法的根本，就能自覺地依體起用，則免顛倒矣。

《不思議佛境界經》中說：「**爾時世尊，復語文殊師利菩薩言：童子，汝能了知如來所住平等法否？文殊師利菩薩言：世尊，我已了知。佛言：童子，何者是如來所住平等法？文殊師利菩薩言：世尊，一切凡夫，起貪瞋癡處，是如來所住平等法。佛言：童子，云何一切凡夫起貪瞋癡處，是如來所住平等法？文殊師利菩薩言：世尊，一切凡夫，於空無相無願法中，起貪瞋癡，是故一切凡夫起貪瞋癡處，即是如來所住平等法。**」

試問：貪瞋癡的起源處，這是何處？答曰：諸妄緣起處，唯是一真性。此一真性，即是如來所住平等法。離此真性，別有住處者，即名凡夫。善法由心起，惡法亦復然，豈能「善惡有二起處」呢？眾生迷心，著善著惡，被善惡境遷，故不得解脫。

眾生不識「應物現形的自性寶珠」，所以，追逐幻相，被幻相所惑，所以叫做「棄本逐末」的「事法界」。若人捨幻取珠，而不知「全幻即真，波波皆水」的法界實際，這就叫做「棄事取理」的「理法界」。不住理體，法身向上，「踏毗盧遮那頂上行」，全體大用即是理體，理體即是全體大用，這就叫做「理事無礙法界」。證悟到「理事無礙」的人，雖然證悟了「萬事歸一性」，然而，仍有「親體疏事」的傾向，猶有二分，所以，還要具有「事上渾大有，濁中辨得清」的本領。若能到得此境，就叫做「事事無礙法界」。

佛教的實踐，就像以上所說的四法界那樣，是一個「次第漸修」的過程，而不是唯有一個孤零零的頓悟。如果沒有「次第漸修」，就沒有「豁然頓悟」。如果沒有「悟後牧牛」，就不能達到「圓融至境」。緣起無盡時時新，隨緣起用學無盡。生生不息法界相，即是如來真實身。

故事裡面有故事，表層之下有深義

佛教裡說：「大地眾生，皆有如來智慧德相，但以妄想執著而不能證得。」人人皆有如來智慧德相，與佛無二無別，只是由於著相逐境，虛營自鬧，所以，不能證得本有的「如來智慧德相」。就像窮人，家中有寶，埋沒地下，主人不知。有而不知，不得其用，同於沒有。

佛教裡所說的那些神奇玄妙的事，其實，都是說的人心，以及人心的現象。既然我們證悟到了這個「心」，那麼，我們也就懂得了佛教文化的真正秘密。既然我們契悟了這個「心」，我們也就超越了佛教文化的宗教形式。既然我們獲得了這樣的超越，我們也就實現了佛教文化的般若智慧。

契悟了本心，獲得智慧之後，我們就會發現，我們的無相心體，猶如恆寂不動的太虛。各種現象，既包括所謂的客觀現象，也包括所謂的主觀現象，皆如空中的飛鳥。天空任鳥飛，心闊任事現。空不留鳥跡，心無一微塵。風來竹面，雁過長空，事來則應，過去無跡，此時，還更有什麼不可解脫的？本來無縛亦無脫，更求什麼解脫？各種現象，生滅無常，不求解脫而自解脫。證悟至此，當下超然，即是廓徹無礙的大智慧。這種超然的大智慧，不是俗情所理解的那種解脫。

譬如，貧人被窮困所迫，使之不得解脫。因此，追求富裕，擺脫貧困。擺脫了貧困之後，他依然不是解脫的。為什麼呢？這是因為，他擺脫了貧困的累贅，卻未能擺脫富裕的負擔。而大智慧之人，不為貧窮所困，不為富裕所累，貧也如此，富也如此，以一種平懷面對生活。這也就是佛家所說的「平常心」。這也就是儒家所說的「君子素其位而行，不願乎其外。素富貴，行乎富貴；素貧賤，行乎貧賤；素夷狄，行乎夷狄；素患難，行乎患難。君子無入而不自得焉。」也就是說，君子以平常心，應緣作事，不怨天尤人。在富貴之中，能把富貴看淡，不受富貴所累。在貧困之中，能把貧困看淡，不受貧困所累。君子在勤奮進取的過程中，能夠時時瀟灑，處處自在。

佛家的大智慧，包容一切相，超越一切相。佛家的這種大智慧，唯豪邁超然之胸懷，方能與之相應。如果能有這樣的大智慧，就能在萬相之中而超然。

既然佛家文化是這樣的，那麼，佛教又為什麼說「世間苦」，以及「出世間樂」呢？佛家這樣說，也是針對著人們的弊病來說的。世人執著於「世間樂」，把自己的快樂寄託在外物上，為物而喜，為物而憂，為得而樂，為失而惱，自己的喜樂憂惱，總是被外物控制著。佛教為了對治人們「迷己逐物」的弊病，所以對人們說「世間是苦的」。人們聽了佛教的這種說法，再加上自己的某些痛苦的經驗，於是，便在人們的心中產生了共鳴。這時，人們就會產生某種程度的厭棄世間、迴避世事的心理傾向。厭棄世間，迴避世事，這並不是佛家的究竟了義，這只是佛教的方便教化。為什麼這樣說呢？這是因為，佛教的「苦空」之說，只是用來對治人們的貪心的。從佛教的最終目的上來說，一個人厭棄世間，迴避世事，並不是解脫。這是因為，執著於世間相的人，會被世間相所繫縛，不得解脫。同樣，執著於出世間相的人，會被出世間相所繫縛，也不得解脫。真正地獲得了解脫的人，他是不為一物所拘的，也是不為一法所困的，他是一個在事事物物上自在無礙的人，他是一個「隨緣識得性，轉處實能幽」的人。

佛教所說的天堂地獄，六道輪迴，佛教所說的一切宗教境界，都是一語雙關的，都是「故事裡面有故事」的。為什麼這樣說呢？這是因為，佛教所描述的那些宗教現象，既有其表層含義，又有其深層含義。就像寓言那樣，雅俗共賞，義中有義。佛教的這種「一語雙關，雅俗共賞」的表述方式，用佛家自己的話來說，就是「三根普被，同證一真」。淺者見其淺，深者見其深，仁者見其仁，智者見其智。凡有見者，只要依而行之，就能各得其益，直至最後，盡歸諸人自己。這個「自己」，不是各自差異的那個「自己」，而是人人皆同的「不生不滅，不垢不淨」的「自己」。

有些人看到佛教的「天堂地獄，六道輪迴」之說，他的心態就會「迴避地獄，欣慕天堂」。他為了達到「迴避地獄，欣慕天堂」的目的，自然就會依教奉行，心不念惡，行不害他，心心向善，自行利他。這樣的信仰與人生，既改造了自己的內心世界，也改造了自己的人際關係。一個人內心的善良與愉悅，就是他唯心所造的「天堂」。假若一個人事事計較，遇事黏著，作繭自縛，越纏越緊，久而久之，心胸狹隘。這種狹隘無間的心靈狀態，就是當事人唯心所造的「地獄」。或上天堂，或入地獄，都是當事人自己造成的，並不是有一個早已準備好的地獄等人下去，也不是有一個早已準備好的天堂等人上去，乃至於「遍含萬相而超然於相外」的大智慧，也只是當事人自己的內心世界。貪心造惡，自造地獄，自入其中。清淨善良，自造天堂，自入其中。乃至於處處自在，隨緣無礙，也都是當事人自己心中的事。或煩惱，或愉悅，或繫縛，或解脫，全由當事人自己。

正是因為人們執著於事相，被事相牽著鼻子走，所以，才有了六道輪迴的生命現象。這種六道輪迴的生命現象，就像車輪一樣，輪轉不已，生命就在禍與福的兩極之間，來回擺動，所謂「禍兮福所倚，福兮禍所伏。」佛教把這種生命輪迴的現象叫做「六道輪迴」。

佛教裡所說的「六道輪迴」，也就是指沒有覺悟的生命，在六個生命層次上來回輪轉。佛教裡所說的這六道，又是哪六道呢？就是地獄、餓鬼、畜生、人、阿修羅、天。對於具有現代文明觀念的人來說，最令人難以置信的，就是這個六道輪迴。

我們暫且不管宗教信仰那個意義上「六道輪迴」，我們首先返觀一下自己的精神生活。當我們如此返觀自己的精神生活的時候，我們就會發現，我們的精神生活，有時會很煩惱，有時會很貪婪，有時會很愚昧，有時會善惡攙半，智愚攙半，有時會充滿爭鬥，有時會充滿善意。我們的精神生命，就是在這六種精神狀態中輪迴不已，這也是現實人生中的六道輪迴。

煩惱至極，心理無間，豈不是地獄？貪欲極盛，永處饑餓，豈不是餓鬼？著相逐境，喪失道德，豈不是畜生？善惡攙半，智愚攙半，豈不是人道？較量高低，決以雌雄，豈不是修羅？充滿善意，內心清靜，豈不是天堂？佛教所說的「六道」，就是我們的這六類精神現象。佛教所說的「輪迴」，就是我們的心相輪轉。由於我們沒能識得我們的本源真心，因此，丟棄本源，追逐現象，所以，才會被現象牽著鼻子走，所以，才會有心靈世界中的六道輪迴。

佛教文化的真正目的，就是要讓我們擺脫六道輪迴，不讓外物牽著我們的鼻子走。要想達到這一目標，首先就要認識我們的無相心體。只有我們體悟了這個無相心體，契合了這個無相心體，我們才能「隨緣起妙用，用處實能幽」。

諸佛之師是文殊，文殊之師又是誰

《佛說放缽經》裡有這樣一段話，釋迦牟尼佛說：

「今我得佛，有三十二相，八十種好，威神尊貴，度脫十方一切眾生者，皆文殊師利之恩，本是我師。前過去無央數諸佛，皆是文殊師利弟子。當來者，亦是其威神恩力所致，譬如世間小兒有父母。文殊者，佛道中父母也。」

在釋迦佛未悟道時，文殊菩薩是釋迦佛的老師。釋迦佛悟了道之後，文殊菩薩又成了釋迦佛的弟子。這實在是一種非常奧妙的關係。這其中的道理，又是怎麼回事呢？

在佛教裡，文殊菩薩是佛教的四大菩薩之一。這四大菩薩是：文殊菩薩，觀世音菩薩，普賢菩薩，地藏王菩薩。文殊菩薩代表著「智慧」，觀音菩薩代表著「慈悲」，普賢菩薩代表著「大行」，地藏菩薩代表著「大願」。

在上面這段經文中說，文殊菩薩是釋迦佛的老師，也是過去諸佛的老師，也是未來諸佛的老師。這是什麼意思呢？也就是說，一切眾生，要想成就佛道，就必須依著「智慧」而行，即使未來的無量眾生，要想成就佛道，也必須依著「智慧」而行。釋迦佛的修行，是依著智慧而行的，過去的一切諸佛的修行，也是依著「智慧」而行的，未來的一切眾生，要想成就佛道，也是要依著「智慧」而行的。不依著「智慧」而行，是不能成就佛道的。文殊菩薩是十方三世一切諸佛的老師，這句話隱含著的意思就是：智慧是十方三世一切諸佛的老師，一切眾生要想成就佛道，都必須依著智慧而行。

一個人在修行佛道的時候，文殊菩薩——智慧就是這個人的老師。不但文殊菩薩是這個人的老師，即使觀音菩薩、普賢菩薩、地藏菩薩，也都是這個人的老師。也就是說，一個人要想成就佛道，就必須依著智慧而行，就必須依著慈悲而行，就必須依著大行而行，就必須依著大願而行。一個人的修行，如果不依著智慧、慈悲、大願、大行而行，只是坐在那裡閉目打坐，那是永遠也不能成就佛道的。所以說，一個在沒有成佛之前，他必須以智慧、慈悲、大行、大願為老師。

從前，有一位和尚，他很困惑，心想：文殊菩薩是佛的老師，那麼，文殊菩薩的老師又是誰呢？於是，他就問光湧禪師：文殊菩薩是七佛之師，文殊菩薩還有老師嗎？

光湧禪師說：遇緣則有？（按：所謂「緣」，就是眼見到的色、耳聽到的聲、鼻嗅到的味，等等，屬於「緣」的範疇。光湧禪師所說的遇緣則有，這有是什麼意思呢？也就是說，我們要想明白此事，就必須從眼見耳聞的作用上，體會這個見色聞聲的心體。這個心體就是智慧的本源，就是文殊的老師。）

又問：那麼，誰是文殊的老師呢？

於是，光湧禪師豎起手中的拂子。（按：光湧禪師豎起手中的拂子，這又是什麼意思呢？難道這個「拂子」是文殊菩薩的老師嗎？不是的。光湧禪師豎起手中的拂子，他的真正的用意，並不在拂子，而在「見拂子的主人公」。也就是說，這個能見拂子的——無相心體，就是文殊菩薩的老師，就是智慧的本源。）

這個僧人不明白，反而更往拂子相上著意。

光湧禪師也無奈，只得放下拂子，叉手而立。（按：豎起拂子即見，放下拂子叉手而立，諸人還見麼？答曰：見性常明，無時不見。所見之相，有生有滅，能見之心，恆常寂照。這個恆常寂照的無相心體，即是一切作用的本源，也是種種妙用（菩薩）的本源。）

問：如何是妙用一句？

師曰：水到渠成。

問：真佛住在何處？

師曰：言下無相，也不在別處。（按：以心覓心，以佛求佛，恰似騎牛覓牛。）

《佛說放缽經》裡的這段經文，給我們這樣一個啟示：所有的人要想成就佛道，就必須以智慧（文殊）為師，智慧是打開自性寶藏的一把鑰匙。

諸佛及菩薩，盡在人心中。自心即是佛，妙用即菩薩。大悲名觀音，智慧是文殊，大願即地藏，大行乃普賢。自心起一切用，即名一切菩薩。

清淨法身人人有，百千萬億化無窮

俗情所說的「平常心」，是指「平常心態」，而佛教所說的「平常心」，是指「平常心體」。平常心體與平常心態，有本體與現象之差別。站在本體論的立場上來看，平常心體，不生不滅，屬於「本體」的範疇；平常心態，有生有滅，屬於「現象」的範疇。

我們首先看一看「現象」，以察明它「生滅無實」的性質。試觀種種現象——外六塵，內六根，中六識，種種法相，變動不已，無有息止。平常心態，乃法相之一，豈能常在當前而不去？本體論意義上的「平常心體」則不然。作為緣起種種法相的本源心體，它不會隨著某一法相的產生而產生，也不會隨著某一法相的消失而消失。譬如，愉快生時，煩惱便滅；煩惱生時，愉快便滅，然而，緣起愉快與煩惱的平常心體，卻不會隨著愉快的生滅而生滅，也不會隨著煩惱的生滅而生滅。如果平常心體隨著愉快的生滅而生滅，那麼，生出煩惱的又是誰？如果平常心體隨著煩惱的生滅而生滅，那麼，生出愉快的又是誰？可見，能夠生出愉快與煩惱的那個平常心體，它是「不生不滅，恆常當前」的。佛教所說的「平常心」，就是本體論意義上的「平常心體」，也是佛教裡所說的「清淨法身」。清淨法身就是這個平常心體。

馬祖說：

若欲直會其道，平常心是道。謂平常心無造作、無是非、無取捨、無斷常、無凡無聖。經云：非凡夫行，非聖賢行，是菩薩行。

行住坐臥，應機接物，盡是本源心體之現象，猶如金器種種，盡是真金；漚相萬千，全體是水；心行身動，無非一心。此心即是法界，乃至於行住坐臥，應機接物，無量運用，盡是心體之作用。若不然者，雲何言心地法門？臨濟義玄亦說：

古人云：平常心是道。大德，覓什麼物？現今目前聽法的無依道人，歷歷地分明，未曾欠少。

什麼是這個「平常心」呢？臨濟義玄說：平常心不是別的物，它是「目前聽法的無依道人」。此「心」猶如圓明寶鏡，胡來現胡，漢來現漢。這個「隨緣現相的心」即是道，此「心」即是「聽法的無依道人」，也是佛教所說的人人皆有的清淨法身。

按照佛家的說法，清淨法身能生百千萬億化身。在俗情看來，這是極其玄妙的事，唯有諸佛菩薩所能之，居地凡夫所不能。如果從實際上來說，不但諸佛菩薩能有百千萬億化身，即使所謂的居地凡夫，也有百千萬億化身，只不過凡夫未悟根本，被自己的變化所誑惑了而已。

佛經上說，佛有百千億化身，能夠隨緣化度一切有情。我們依著佛經字面上的意思，就會以為，佛可以變化出許多自己來，而凡夫卻不能。其實不然，百千萬億化身，根本就不是什麼希奇事，不但諸佛菩薩能之，即使居地凡夫也能之。試看所謂的凡夫，從早至暮，乃至於夢中的特異思維，無不是自己的變化。這些變化，何止是百千萬億？我們的起心動念，舉手投足，簡直是無量無邊。不但釋迦佛能夠具足無量變化，即使所謂的眾生，也具足無量變化。但是，能變化的那個是誰？這個能變化的，是無量變化的本源。如果沒有它，眼不能見，耳不能聞，腦不能思，身不能行。它是什麼？佛家稱它為清淨法身。清淨法身又是什麼？若把「清淨法身」當作可以離開身體的靈魂，那依然是一個極大的錯誤，所以，古人批評道：「學道之人不識真，只為從來認識神。無始劫來生死本，癡人喚作本來身。」清淨法身並不是俗情所說的靈魂，而是能起一切變化的本源，這個本源，就是禪宗所說的「平常心」，也是中國哲學所說的「形而上」，或曰「道」。

中國哲學說，「道」能生出萬相，佛教說，清淨法身能生出百千萬億化身，禪宗說，「一心能生萬法」。其實，這都是說「體用不二」「一多無礙」的道理。一者，或曰道，或曰清淨法身，或曰心，這都是說的「本體」。本體只有一個；多者，或曰生生不息，或曰百千萬億化身，或曰萬法，這都是說「本體的作用」，或曰「本體的現象」。佛家常常運用大海與眾漚的關係作比喻，來比喻清淨法身與百千萬億化身的關係。佛家說大海水是一，千姿百態的波濤是多，大海水與波濤不可分，一體與多用，也不可分。禪宗恐人胡思亂想，以至於忘卻自己腳下的這段根本大事，所以，直指人心，是萬法之本源。

《楞嚴經》上有一段經文說：「**汝與眾生，亦復如是，寶覺真心，各各圓滿。如我按指，海印發光；汝暫舉心，塵勞先起。**」

有一次，潭州遷禪師與忠道禪師在一起閱讀《楞嚴經》，讀至「如我按指，海印發光」處，忠道禪師問：「『如我按指，海印發光。』這是什麼意思呢？」遷禪師說：「釋迦老子好與二十棒！」忠道禪師問：「為什麼要打釋迦佛二十棒呢？他有什麼過錯？」遷禪師道：「用按指作麼？」也就是說，難道只有按指才放光，不按指就不放光了嗎？海印，就是我們的無相心體。放光，就是無相心體的作用。無相心體，在眼曰見，在耳曰聞，在一切處起一切用，哪有不放光的時候呢？我們的無相心體，時時在我們的六根門頭上放大光明，從來沒有間斷，從來沒有隱藏，我們的起心動念，一言一行，都是我們的無相心體的妙用，都是我們的海印放光。忠道禪師接著問：「『汝暫舉心，塵勞先起。』又是怎麼回事呢？」遷禪師說：「也是海印發光！」一切見聞覺知，一切起心動念，一切言語行動，皆是海印放光，所以，遷禪師說：「也是海印放光。」」。如果就實際上來說，塵勞妄念，也是我們的無相心體的作用，也是海印放光，只是由於眾生著相，為相所轉，所以，才叫做塵勞妄念。

一心具足十法界，法界萬相唯一心

佛教文化是關於心性修養的人生哲學，而不是關於世俗宗教那個意義上的神秘文化。從表面上看，佛教是宗教的，從實際上看，佛教是人文的。因此而說，佛教是以宗教形式所表述的關於心性修養的人生哲學。譬如佛教說到「奸詐」時，它偏偏不用「陰謀詭計」這樣的字眼來表述，而是用一種宗教形象——「鬼」來表示。這種用宗教文化的形式、隱含地表達人文內涵的手法，我們就稱之為宗教隱喻。宗教隱喻的手法，是佛教通常採用的一種手法。

佛家文化運用宗教隱喻的方法，把人的精神世界分成十個層次。精神世界的這十個層次，就是佛教所說的「十法界」。在十法界中，有地獄、餓鬼、畜生等三惡道。地獄象徵著「心理無間、煩惱至極」的精神狀態。心理無間、煩惱至極的人，每天忍受著他不能忍受的種種事情。佛家把這類精神現象，稱之為無間地獄。佛家說，在無間地獄裡，是根本沒有空間的，一個人在裡面是滿的，無數人在裡面也是滿的，總之，在這個精神世界裡，是沒有任何空間的，是不能自由的。人若墮入心理上無有空間的精神狀態，其實，他的人生的品質，就是佛家所說的無間地獄。

畜生象徵著無有理性，整日被貪欲拖著走。這一類的人，貪欲心是非常重的，道德理性幾乎不起任何作用，他的全部的生活，好像只是為了肉體的欲望，他對於精神生活的品質，是沒有任何覺悟與追求的。人若墮入無有道德，無有理性的精神狀態，其實，他的人生的品質，就是佛家所說的畜生。餓鬼象徵著「能力小而貪心大」的精神狀態，也即他的能力遠遠不能滿足不斷膨脹的貪欲。貪心極大，欲壑難平，他永遠處於饑餓狀態。一個人如果墮入「貪心極大而能力

極小」的精神狀態，其實，他的人生的品質，就是佛家所說的餓鬼。佛教用「肚大如盆，脖細如繩」的宗教形象來代表處於這種精神狀態的人。肚子很大，代表著貪心極大；脖子很細，代表著難以滿足。人若墮入無盡貪婪的精神狀態，其實，他的人生的品質，就是佛家所說的餓鬼。佛家所說的十法界，全部都是宗教隱喻，都有著極其深刻的人生內涵。

在古代社會，宗教是很容易被接受的一種文化形式。因此，宗教家們便因勢利導，以宗教的方式表達人文，寓人文於宗教形式之中。那些停留在宗教文化表面上的人，由於他們畏懼鬼神的懲罰，便遵從道德的要求。在這個意義上，宗教觀念便具有了道德約束的作用；那些具有宗教信仰的人，由於他們崇拜他們所信仰的宗教偶像，便肯於依教奉行，作自我規範自我修養的工夫。在這個意義上，宗教偶像便產生了一種人生規範的作用；那些上根利智的人，他們在宗教文化的啟發下，能夠頓悟當下，自見本性。在這個意義上，宗教文化便發揮了啟迪人生智慧的作用。所以說，佛教所說的天堂、地獄、六道輪迴、成佛脫苦等，都可以在不同心智水準的人那裡獲得它的相對意義。

佛家的宗教觀念，都是心性修養的學問。佛教從來不說，心外有天堂，心外有地獄。在佛教看來，離心尚且無佛，豈能更有天堂、地獄與鬼神？人若「不著相」，也不「著於不著相」，即相而離相，在佛家來看，這就是佛的境界。人若被貪嗔癡牽著鼻子轉，在佛家來看，這就是凡夫的境界。一個人的境界，並不是由他人來決定的，而是由自己來決定的。當下煩惱至極，當下就是地獄；當下快樂無憂，當下就是天堂。或入地獄，或入天堂，全由當事人自己，更由不得他人。

沒有智慧的人，面對著煩惱，他會煩惱上加煩惱，此時的他，便是失意忘形的；沒有智慧的人，面對著快樂，他會快樂上加快樂，此時的他，便是得意忘形的。失意忘形與得意忘形，這都是由於著相的緣故。沒有智慧的人，他只能在「樂極生悲，悲極生樂」中輪轉，佛家把這種輪轉的現象，叫做「六道輪迴」。若是有智慧的人，天堂地獄，一視平等；快樂煩惱，平常相待。能夠做到這樣的人，就具有大智慧的人。

我們在宗教場所看到的佛菩薩的雕塑或畫像，那是用來表意的特殊符號。表意的符號與所表的內容之間，既是統一的，又是不同的。所謂統一，即符號與內容之間，有著內在聯繫，這種內在聯繫，就是中國哲學所說的「制名以指實」，是名與實之間的聯繫。所謂不同，即符號與內容之間，並不是等同的，符號是符號，內容是內容。譬如我們看到的彌勒佛的形象，是中國人自己塑造的一尊佛教形象。我們透過彌勒佛的形象——用來表意的符號，所看到的是一種無掛礙、心坦蕩、樂呵呵的人文精神。符號與內涵之間，是有著內在統一性的。

由於符號與內涵之間有著內在的統一性，所以，即使有人抱著宗教的態度來感受這些宗教符號，他也是會受到符號所代表的那種人文精神的影響的：彌勒佛所展現出的樂呵呵的那種神態，並不是由財、色、名、利所引起的，而是本分天然的胸襟流露。彌勒佛的方耳，代表著福氣，這種福氣，不是「吃得好，穿得好」意義上的，而是「隨緣具足，無欠無餘」意義上的。彌勒佛的大肚，代表著大度。古語說，「宰相肚裡能撐船」，彌勒佛的大肚，所代表的那種境界，豈止是能撐船？那簡直是一個「天空任鳥飛，海闊縱魚躍」的無量包容，所以，布袋和尚有一首偈說：

我有一布袋，虛空無掛礙。
展開遍十方，入時觀自在。
吾有三寶堂，裡空無色相。
不高亦不低，無遮亦無障。
學者體不如，求者難得樣。
智慧解安排，千中無一匠。
四門四果生，十方盡供養。

吾有一軀佛，世人皆不識。
不塑亦不裝，不雕亦不刻。
無一滴灰泥，無一點彩色。
人畫畫不成，賊偷偷不得。
體相本自然，清淨非拂拭。
雖然是一軀，分身千百億。

布袋和尚所說的這個「布袋」，就是指我們的心靈。只有我們的心靈，才是「展開遍十方」的，也只有我們的心靈，才是「裡空無色相」的，也只有我們的心靈，才是「不高亦不低，無遮亦無障」的。佛家文化的種種比喻，全都是指向我們的心靈的。

無量劫來無壅滯，大通智勝是自心

在《妙法蓮華經》裡，記載了這樣一則故事：在無量阿僧祇劫之前，有一尊佛，他的名字叫大通智勝佛。大通智勝佛，在沒有悟道之前，他十劫坐在那裡修行，也沒能成就佛道。《妙法蓮華經》上記載：「大通智勝佛，十劫坐道場，佛法不現前，不得成佛道。」這也是一種宗教隱喻。如果從科學的角度上來看，宗教偶像這個意義上的大通智勝佛，根本就是不存在的。如果從宗教隱喻上來看，大通智勝佛，以及大通智勝佛的修行過程，卻有著實際的人文內涵。今試分析之。

「大通」就是「精神暢通，無所障礙」的意思；「智勝」就是「智慧解脫，超然萬相」的意思。一個人在精神境界上，如果做到了「暢通無礙，智慧解脫」，那麼，他的那種境界，就是大通智勝。

《妙法蓮花經》上的大通智勝佛，是一個宗教偶像形態的人文概念，它代表著人人皆有的「無所壅滯，暢通無礙」的無相心體。那麼，為什麼「大通智勝佛，十劫坐道場，佛法不現前，不得成佛道」？這是因為，如果一個人著相修行，那是與般若智慧不相應的，所以說，「大通智勝佛，十劫坐道場，佛法不現前，不得成佛道」。《妙法蓮華經》的這一則宗教典故，說明了這樣一個道理，一個人的修行，只要不著相，就能獲得「大通智勝」——通達無礙，智慧超然。

在唐朝，有一位崇慧禪師，他有一段禪機問答，說明了「大通智勝佛」的含義。

問：如何是大通智勝佛？

崇慧禪師反問道：曠大劫來，未曾壅滯，不是大通智勝佛是什麼？

問：為什麼「十劫坐道場，佛法不現前」呢？

崇慧禪師回答：這是因為你沒有契會，所以佛法不現前。你如果真的契會了，其實，也無佛可成，為什麼這樣說呢？這是因為，我們每個人，本來就是佛，不是修成的。如果佛是修成的，那麼，修成還壞。

崇慧禪師的回答，直指問話者的當下，讓問話者認識自己的「大通智勝」。如果不能證悟自己的「大通」，就不能成就自己的「智勝」。在教化的方法上，如果把世俗意義上的佛教當作權宜之教，當作走向智慧解脫的方便途徑，則也無有不可之處。然而，如果當事人依文解義，作出許多的宗教幻想，那自然就是「無繩自縛」了。

通則自通，礙則自礙，完全由著自己，更由不得他人。或通或礙，那是一個人心靈上的事。通者，身處卑位依然通；礙者，身居高位依然礙。暢通無礙，是一種廓徹無縛的精神境界，而不是能力或事功上的事。《莊子．逍遙遊》中的大鵬，小鳥；大知，小知；大年，小年，這些都是大小懸殊的，若它們各順其性，它們也都是自在逍遙的。若執著於事功上的大小，或自甘劣小，或居高恃傲，那都不是大通智勝。這是因為，自甘劣小，或居高恃傲，都是心理障礙。既然有心理障礙，就不是大通智勝——通達無礙，智慧超然。

逍遙自在，大通無礙，須是打破種種知見，解脫種種繫縛。這樣，才能達到「自在無礙，任運無拘」的精神境界。《莊子》中有一則寓言，恰好說明了「破相證真，圓融無礙」的人生境界：

秋水時至，百川灌河。涇流之大，兩涘渚崖之間，不辯牛馬。於是焉河伯欣然自喜，以天下之美為盡在己。順流而東行，至於北海，東面而視，不見水端。於是焉河伯始旋其面目，望洋向若而歎曰：「野語有之曰：『聞道百，以為莫己若者。』我之謂也。且夫我嘗聞少仲尼之聞而輕伯夷之義者，始吾弗信。今我睹子之難窮也，吾非至於子之門則殆矣，吾長見笑於大方之家。」

北海若曰：「井蛙不可以語於海者，拘於虛也；夏蟲不可以語於冰者，篤於時也；曲士不可以語於道者，束於教也。今爾出於崖，觀於大海，乃知爾醜，爾將可與語大理矣。天下之水，莫大於海：萬川歸之，不知何時止而不盈；尾閭泄之，不知何時已而不虛；春秋不變，水旱不知。此其過江河之流，不可為量數。而吾未嘗以此自多者，自以比形於天地，而受氣於陰陽，吾在於天地之間，猶小石小木之在大山也。方存乎見少，又奚以自多！計四海之在天地之間也，不似礨空之在大澤乎？計中國之在海內不似稊米之在太倉乎？號物之數謂之萬，人處一焉；人卒九州，穀食之所生，舟車之所通，人處一焉。此其比萬物也，不似豪末之在於馬體乎？五帝之所連，三王之所爭，仁人之所憂，任士之所勞，盡此矣！伯夷辭之以為名，仲尼語之以為博。此其自多也，不似爾向之自多於水乎？」

秋水到來的時候，所有的川水都流到河裡，河水上漲，溢其兩岸，河水的寬闊，幾乎看不到對岸的牛羊，河伯（河神）自喜，以為自己是世界上最宏偉壯觀的了。河伯順流東游，至於北海，他向東眺望，不見水的邊際，於是，向北海若歎曰：俗語說：學到了一些知識，就自以為了不起。今天看來，我就是這樣的人。我見到你的廣袤無垠，才知道自己的狹隘，今天要不是來到你這裡，我的自以為是，一定會遺笑天下的。

北海若說：「井底之蛙不知大海，那是因為它局限於那小小的空間。夏天的蟲子不知冬天的事，那是因為它局限於一個時節。世智辯聰的人，不知無形的大道，那是因為他局限於他的「知見」。今天，你已經打破了你自己的自我局限，見到了無邊的大海（大海喻無形的大道），你自己身處大海也就同於大海了，也就知道大海是怎樣的了。

《莊子》中的這段寓言，正是隱含了這樣一個道理：打破局限，方能見道。佛家說「打破執著」，道家說「為道日損」，其實，都是「打破小我」的意思。聖賢立教，文化風格雖有不同，然而，所說的道理卻是一樣的，都是說「打破執著，體證本真」的人生道理。本真自性，本來廓徹萬相，本來具足妙用，當下現成，不是向外求來的。

打破種種「知見」的障礙，道家用「去知」之法，佛家用「放下」之法。當我們「豁然放下」時，也即「前念已過，後念未起」的當下，此時，雖是心靈上的一個空白，然而，這個「空白」，卻不是一個「死寂頑空」，它依然是了了常明。試看這個了了常明的是什麼？若能識得，恰似河伯見海若，也即親見「自性大海」，禪宗謂之明心見性。「放下」或曰「去知」，只是求證的一種方法。既已有證，更不須再以「放下」為是，應當以「隨緣起用，用而不著」為是。拿時拿得起，放時放得下，拿放全是自家性中事。如是見得，如是行得，方是中國文化所謂的登堂入室。這便是覺者之行，這便是智慧解脫。到得此番境界，無三界可出，無佛道可成，無涅槃可證，只是契合個「本來如是」而已。中國文化的歸宗至本之處，此處本來無出亦無入，無成亦無壞，無得亦無失，當下現成，不屬修成，不屬外得，只是如是證得，如是行得而已。

菩提之心本自有，息下狂心證菩提

《金剛經》上說：「以是義故，如來常說，汝等比丘，知我說法，如筏喻者。法尚應捨，何況非法。」這就是說：我所說的一切法，就像過河的船一樣，當到了彼岸的時候，即使這條過河的船，也是要離開的。如果不肯離開這條船，而是把這條船當作彼岸，這個人就等於是沒有到達彼岸。這個彼岸世界，不在別處，就在「回過頭來的那個地方」，所以佛教裡說「回頭是岸」。覺悟即是彼岸，愚迷即是此岸。由此岸到彼岸，不是從這裡跑到那裡，而是心靈上的豁然開朗。如果一個人不覺悟，他即使到了極富貴的地方，那也不是佛教所的彼岸。

佛法傳到中國，常說「苦海無邊，回頭是岸」。不是說「佛法無邊」嗎？怎麼又成了「苦海無邊」了呢？這豈不是自相矛盾？

答曰：佛法無邊與苦海無邊，這兩者並不矛盾。為什麼呢？這是因為，一個人被幻相牽著鼻子走，總在患得患失中過活，什麼時候是個盡頭？那是沒有盡頭的，所以說，苦海無邊。我們不應該被幻相牽著鼻子走，應該反過來認清我們自己。如果我們認清了我們自己，也就是證悟了自己的「本來面目」，我們就能當下獲得解脫。獲得了這種解脫的人，他不是在一事一物上的解脫，而是在事事物物上的解脫，也不是在一時一處的解脫，而是在時時處處的解脫，所以說，佛法無邊。

對於一個人來說，到底是佛法無邊？還是苦海無邊？這要從他的內心的修養上來說。對於一個著相逐境的人來說，就是苦海無邊。對於一個覺悟了的人來說，就是佛法無邊。佛法不在別處，就在我們的當下，就是我們的覺性光明。它無有形相，怎麼又會有邊際呢？它生生不息，怎麼會有盡頭呢？契合了無相心體，就是到達了覺悟彼岸。

禪宗有個公案，說的是一位普聞禪師，他是唐朝的僖宗太子，捨俗出家。後來，普聞禪師到了石霜慶諸禪師那裡，跟著石霜慶諸學習佛法。有一天，普聞禪師對他的師父說：師父啊，請你告訴我一個悟道的方法。慶諸禪師說：好啊！普聞禪師聽到師父的允諾，就跪下來頂禮。慶諸禪師用手指一下廟子前面的那座山，說：那叫案山。等前面那座案山點頭了，我就告訴你佛法。普聞禪師聽了這一句話，當下就開悟了。

這是什麼意思呢？才說點頭頭已點，只是諸君未曾見。這個意義上的佛法，不是講道理講出來的，而是實際證悟到的。要想證悟佛法，就需要人們歇下向外追尋的心，把自己的意識回過來，真正地識得自己。

在《楞嚴經》裡，有這樣的一則故意，也說明了「菩提自性，人人皆有」的道理。

從前在印度的室羅城中，有一個名叫演若達多的人，有一天早上起來照鏡子，發現鏡子中的人，長得眉清目秀，非常可愛。

在這時，他突然起了一個念頭：「鏡子裡的那個人，長得眉清目秀，那麼，我的眉目在哪裡呢？我的頭在哪裡呢？」他這樣一想，感到十分恐怖，他以為自己的頭已經丟失了。最後，演若達多瘋狂了，整天在城裡狂走，尋找自己失去的頭。

釋迦牟尼佛問富樓那：「這個人為什麼無緣無故地狂走呢？」

富樓那說：「那個人的心發狂了。」

釋迦牟尼佛便對他的弟子們說：每個人的心裡，都有像演若達多的狂性，自造妄想，自己追逐，就像一個人，自己弄出聲音，自己又去追逐，認妄當真，妄上加妄，在癡迷之中，如此累積妄想習氣，已經是很長世間了。其實，演若達多雖然發狂了，他的頭並沒有失去。要使他找到自己的頭，就要使他息下狂心。如果一味地向外求索，那是永遠也找不到的。佛教的修行，也是這樣。學佛不是向外求佛，而是返觀體認「真實的自我」。菩提智慧，不是向別人那裡求來的，而是我們自己本有的，我們應當返觀自鑑才是。所以，釋迦牟尼佛說：「歇即菩提，勝淨明心，本周法界，不從人得。」

在佛教經典中，越是看上去通俗易懂的佛經，越是具有更深刻的人文內涵。譬如《妙法蓮花經》，可以說即使不識字的人，只要有人念給他聽，他也能夠聽懂佛經的表面意思，然而，就《妙法蓮花》的實際而論，他也許是絲毫沒有觸及到的。《妙法蓮花經·信解品第四》中有這樣一則故事：

有人年幼，捨父逃逝，馳騁四方，以求衣食，經數十年，自為窮子。其父巨富，金銀財寶，車馬牛羊，其數無量。窮子遊歷，偶遇父舍，遙見其父，踞獅子床，寶几承足，童僕臣佐，恭敬圍繞，真珠瓔珞，壯嚴其身，種種嚴飾，威德特尊。窮子見父，有大力勢，竊作是念，此或是王，或是王等，與我無分。作是念已，疾走而去。其父見子，心大歡喜，即遣使者，急追將還，窮子驚愕，自念無罪，而被囚執，轉更惶怖，悶絕倒地。其父見之，知子志劣，不堪承擔，遂令使者，告訴窮子，我今放汝，隨意所趣。窮子歡喜，從地而起，往至貧裡，以求衣食。

爾時長者，欲誘其子，而設方便，密遣二人，隱匿威德，徐語窮子：今有作處，倍付工值。窮子問之：令作何事？二人告之，雇汝除糞，我等二人，也共汝作。窮子聞之，歡喜隨來，執除糞器，除諸糞穢，淨諸房舍。

一曰長者，親近其子，後復告言，汝常此作，勿復餘去，我如汝父，勿復憂慮，更予作字，名之為兒。爾時窮子，雖欣此遇，猶故自謂，客作賤人，由是之故，二十年中，常令除糞，料理家務。大富長者，年老有疾，自知不久，死時將至，即聚親族，及諸大眾，對眾宣言，諸君當知，此是我子，我實其父，所有財物，皆歸是子，先所出納，我子皆知。是時窮子，聞父此言，即大歡喜，得未曾有。

《妙法蓮華經》上的這一段文字，如果從表面上來看，人人皆知其義。然而，如果從內涵上來看，卻不是人人皆知的。今試分析之，以見其真義。

大富長者，象徵著覺悟了的人，也就是悟了道的人；窮子，象徵著眾生，也就是迷失本心的凡夫。窮子見到莊嚴的家舍，認為與己無分，所以，迅速離去。象徵著自甘劣小，認為成佛作祖，與己無份。

大富長者，設立方便，秘遣二人，化裝成窮子的同類，與窮子同事，做除糞事。這段經文象徵著：方便化度，自淨其意。

窮子於二十年中，常令除糞，料理家務。這段經文象徵著：勤除貪嗔癡，漸修戒定慧。

後來，窮子繼承家業，一切財富歸屬自己。這段經文象徵著：諸人之起心動念，語默動靜，三千威儀，八萬細行，無不是自心本性中的事。

長者宣佈，此是我子，我實其父。此時，窮子自肯承當。這段經文象徵著：窮子明心見性，自做主人公。

以上這兩則故事，對於我們現代人來說，也是很有意義的，因為生活在現代社會裡的人，人心浮躁，迷己逐物。推銷產品的商販；搶買商品的人潮；開足馬力的車子；擦肩磨背的人流；胡思亂想的作者。這是一個多麼浮躁而狂亂的心靈世界啊？

我們的心靈需要寧靜，我們心靈需要智慧，我們需要找回我們自己。真實的自己，並不在別人那裡，也不在釋迦佛那裡。真實的自己，永遠在我們的當下。佛教的教義，其根本的意旨，不在別處，只在諸人如是識得自己。釋迦佛曾用一個生動的典故，說明了佛教的根本意旨。

一位富有天下的老富翁，非常擔心他從小嬌慣長大的兒子。老富翁心想：把這龐大財產留給兒子，反而會給兒子帶來禍害。與其將財產留給兒子，還不如讓他自己去奮鬥。

老富翁把兒子叫來，對兒子說了他如何白手成家的經歷。富翁創業的故事，感動了這位

從未出過遠門的青年，激發了他奮發向上的勇氣，於是他發願：如果找不到寶物絕不回來。

老富翁的兒子，建造了一艘大船，在親友的歡送之下，出海尋求財富。青年渡過了許多險惡的風浪，經過了無數的島嶼，最後，在熱帶雨林中，找到一種樹木。這種樹木高達十餘公尺，在這片熱帶雨林中，只有兩株。青年砍下這兩株樹木。經過一年時間，樹皮腐爛掉了，只剩下沉黑色的木材，散發著一種無比的香氣。當青年把木材放在水中的時候，青年發現，這種木材與其他木材不同，並不漂浮在水面，而是沉到水底。青年心想：這種木材，與眾不同，一定是無比的寶物。

青年把香木運到集市出售，可是沒有人來買他的香木。青年感到非常煩惱。在這位青年的攤位的旁邊，有一位賣木炭的人，他的木炭總是賣得很快。剛開始的時候，青年還不以為然。可是，日子久了，青年動心了，他想：既然木炭賣得那麼快，我為什麼不把香木燒成木炭來賣呢？

第二天，他果然把香木燒成了木炭，挑到集市上，很快就賣光了。因此，青年非常高興。青年燒成木炭的會發出香味的木材，正是這個世界上最珍貴的木材——沉香，只要切下一片沉香木，它的價值，就能超過一車的木炭。世人求道，也是如此。最初發心，求做聖賢，可是，時間長了，便退失了初心，隨波逐流，與人較勁，爭心頓起，鬥心熾盛，結果是，迷失了自我，障蔽了心光。

因此，佛陀說：一個人戰勝別人一千次，遠不及他戰勝自己一次。也就是說，戰勝敵人的是英雄，征服自己的是聖賢。英雄把自己的煩惱交與別人，聖人試圖擔起天下人的煩惱。英雄向外追求欲望的滿足，聖賢向內契合自性的清淨。

迷己逐相娑婆苦，回頭證真是彼岸

人生若能積極前進，固然很好，但是能夠懂得回頭，也是十分重要的。平時，我們的活動，只是向眼前的事相上著意，卻忽略了這個「見色聞聲的主人公」。世人往往憑著一股勇氣，在人生的戰場上，衝鋒陷陣，爭名奪利。當被碰得鼻青臉腫時，有的人知道回頭，而有的人依然不知回頭，還是一味地向前衝。因此，前衝的慣性越來越大，他自己也不得已地被他自己所發起的業風裹挾著前進，甚至剎不住車，以至於被跌傷。

在佛教裡，早就指示我們，人生有兩個世界：一個是前進的世界，也就是所謂的世間。另一個是回頭的世界，也就是所謂的出世間。其實，這個「回頭的世界」，是包含著「前進的世界」的。如果一個人證悟到了這一點，他就會發現，所謂「前進的世界」與「回頭的世界」，其實是一體不異的，也就是說，「前進的世界」與「回頭的世界」，原本就是心靈世界中的兩種法相，就像展指成掌，屈指成拳，原本是一手的兩種形態。當一個人證悟了「前進的世界」與「回頭的世界」是一體不異的時候，他的境界就是「世出世間，圓融不二」的佛的境界。如果做不到這樣，那麼，就必須在世間法的基礎上，回過頭來尋找那個本真。當我們發現了這個本真的時候，我們就可以依據它來行事，依據它來建立自己的事業。這就是佛教裡所說的入世。佛教裡所說的出世，就是回過頭來，是用來克服「著相住境」的習氣的。為了克服這種「著相住境」的習氣，這就需要「回過頭來」的功夫。然而，回過頭來，認清自己的本來面目，這只是漫漫修行路上的第一個階段，不是佛法的究竟了義。

佛教裡說「苦海無邊，回頭是岸」，這是有針對性的。因為，世人著相，一味地向外追求，把自己的生命附著在金錢、名利、虛榮、知見之上，造成了許多的人生痛苦。我們執著於事相，被事相拖著走，這是不對的。那麼，是不是迴避事相，不務世事，這樣就對了呢？也是不對的。為什麼這樣說呢？這是因為，對於佛教文化來說，回過頭來，認清自己，這只是覺悟路上的第一步。緊接著就是「倒駕慈航」，「普利群生」，這是佛教修行的第二步。佛教修行的第一步與第二步，是緊密相聯的。佛教的真正精神，在於倒駕慈航，普利群生。一個人獲得了覺悟，他還要幫助別人獲得覺悟。一個人獲得了智慧，他還要幫助別人獲得智慧。一個人實現了精神文明，他還要幫助別人實現精神文明。依照這樣的方法，才能「智慧到彼岸」。

關於「回頭是岸」，佛教裡有這樣的一首偈語：

手把青秧插滿田，低頭便見水中天；

六根清淨方為道，退步原來是向前。

這首詩偈，告訴我們這樣一個道理，要想認識自己，認識自己的本心，就必須要回過頭來。回過頭來所展現給我們的世界，比向前所展現給我們的世界更加遼闊。回過頭來，就是生命的回歸。回歸到本位，那就是我們的本真。

如果我們體會到了「回過頭來」的意義，我們就會發現：我們的心，本來寬闊無邊，我們的心，本來平素淡雅，我們的心，本來勤奮無住，只是我們未能契合這個「本來」。只要我們契合了這個「本來」，我們也就獲得了人生智慧。

佛在靈山莫遠求，靈山只在汝心頭

我們平時都十分地重視這個「身」，然而，我們卻不知道重視這個「心」。我們要求吃得好，穿得好，要求化妝，健美，然而，卻很少要求心靈的美化。其次，我們還要求鈔票多，權力大，然而，卻很少要求愛心多，心量大。我們只知道向外追求，卻很少知道親近自心。我們甚至不知道，我們的「心」究竟是什麼？天天用此心，不知是何物，所以儒家說「百姓日用而不知」。

佛教裡有這樣一個故事：有一天，自己的「心」，教訓了「身」一頓，心對身說：「每天早上起來，我都幫你穿衣服、洗臉、刷牙、吃飯、走路、思考，你的一切，哪一樣不是我幫你做的呢？現在，你開始修行佛法，一會兒到這個廟，一會兒到那個廟，每天拖著個軀殼，東奔西跑，四處求道，真是捨近求遠，你怎麼不向「我」求呢？」

心又說：「你這個身體，難道沒有聽說過這四句偈嗎？所謂『佛在靈山莫遠求，靈山只在汝心頭；人人有個靈山塔，好向靈山塔下修。』放著「我」這個現成的「靈山」而不求，反而向外求佛求道，這不是糊塗嗎？」

這個譬喻，指出了人們「離心求佛，捨心覓道」的弊病。平時，我們一點點也不注意我們的這個「心」，我們天天用它，反而不曾認識它。就實際上來說，心是最重要的。為什麼這樣說呢？這是因為，「心」是見聞、覺知、思想、行為的本源。《五苦章句經》上說：「心取地獄，心取餓鬼，心取畜生，心取天人，作形貌者，皆心所為，能伏心為道者，其力最多。」這就是說，三塗六道，都在一念取捨上。要想解脫三塗六道之苦，就必須回過頭來，認識我們的「心」。識得自心，即是悟道。修養自心，即是修道。總之，離心求道，永不可得。離心修道，盡是妄為。

蘇東坡與佛印禪師的一段公案，也說明了「佛是自心作，離心更無佛」的道理。

一天，蘇東坡與佛印禪師，來到天竺寺。蘇東坡看到觀音菩薩的塑像，手裡拿著念珠。

於是，就問佛印禪師：觀音菩薩拿念珠幹什麼？

佛印禪師說：他拿念珠，也不過是為了念佛。

蘇東坡又問：念什麼佛？

佛印禪師說：念觀世音菩薩。

蘇東坡又問：為什麼念他自己呢？

佛印禪師回答道：那是因為，求人不如求己呀！

這個簡短的公案，給我們了一個很重要的啟示——自心本來就是佛，向外追求皆成錯。佛教裡的念佛，並不是向外念他，而是利用佛號，一聲一聲地喚醒本來人。憨山大師說：「口念彌陀心散亂，喊破喉嚨亦徒然。」也就是說，念佛的時候，要心念耳聞，把我們的心專注在這個佛號上，使我們的妄心不能亂動。這樣，才能使我們的心安靜下來，才能為頓悟自心創造一個良好的內在環境。

佛經中還有一個故事，也說明了佛教的修行，不是向外追求，而是修養自心。

有一位國王信仰三寶，發心行大佈施，於是，就把宮裡的全部黃金都換成碎黃金，然後向世人宣佈：凡是修道的人，都可以到他的國家來，人人都可以拿上一把黃金。

消息傳出之後，人人皆知，遠近交譽。釋迦牟尼佛也知道了這事。釋迦牟尼佛一方面為國王感到高興，另一方面，又為國王感到很惋惜。高興的是，國王有這麼大的發心。惋惜的是，國王只知道用金錢來佈施，而不知道從心上來修行。於是，釋迦牟尼佛裝扮成修道人，來到國王這裡，想藉此機會來教化這個國王。

釋迦牟尼佛從國王那裡取了一把黃金，可是，過了一會兒，釋迦牟尼佛又把黃金放了回去，說：「我不要了。」說完就走。

國王心想：一把黃金，已經是不少了，他為什麼不要了呢？於是，國王問：你為什麼又把黃金放下了呢？

修道人說：我原本是個雲遊僧人，一向逍遙自在，不為物役，也不受形累。現在，我拿了這一把黃金，蓋房子，這些黃金又不夠，藏在身上，又怕給丟了。看來，我只要這一把黃金是沒有什麼用的，我還是還給你吧。

國王覺得很有道理。於是，問修道人：你蓋一棟房子，需要多少黃金？

修道人說：三把黃金。

國王想：看在修道人的份上，就許他三把黃金。

於是，修道人便拿了三把黃金而去。修道人走了不多遠，又回來了，把黃金放在國王的面前，嘆息道：這三把黃金，我還是還給你吧。

國王很驚訝：為什麼又不要了呢？

修道人說：我想，三把黃金是可以蓋房子了，可是，房子蓋好了，只有我一個人住，如果遇到病痛，就沒有人看護我、照顧我。修道的時候有了疑難，也沒有人與我商量，蓋了座房子，我自己住在裡面，這就沒意思了。我想：既然要蓋房子，就應該蓋得寬敞一點，多給幾個人住。要把房子蓋得寬敞一點，這三把黃金是不夠的，所以，我不要了！

國王心想：這人不但自己要修行，還想著讓別人修行，他能夠推己及人，倒也頗可稱道。於是，國王就問修道人：那麼，你到底需要多少黃金啊？

修道人回答：五把黃金就夠了。

國王許諾了他：我答應你，你就拿五把黃金吧！

這個修道人拿了五把黃金，告辭了國王。可是，走了不多遠，他又回來了，把黃金放在國王的面前，說：這五把黃金我還是不要了。

國王感到非常驚愕，問：五把黃金還不夠嗎？

修道人說：國王啊，這五把黃金確實能蓋挺大的房子，又能安頓很多的人。可是，這麼多的人住在一起，天天要吃飯、穿衣，還要其他開銷，這五把黃金還是不夠的。

這個時候，國王雖然不高興，但是，還能按捺得住。國王問：那你究竟要多少？

修道人說：七把黃金。

國土答應了：你就拿七把黃金吧。

修道人拿了七把黃金，猶豫了一下，又把黃金放了回去，說：我還是不要了。

國王終於發火了，驀地一下站了起來，氣沖沖地說道：豈有此理！難道你要把所有的黃金都拿走嗎？

修道人莊嚴地說：國王啊！請您不要生氣，您即使把所有的黃金都給我，我也不要。

國王感到很奇怪：那你要什麼？

修道人：把黃金都給我，讓我有衣穿，有飯吃，有房子，有道友，那有什麼用呢？我心裡的食、衣、住、行，還是無法解決啊！我心裡的道友，還是無法養活啊！

國王一聽，感到很納悶：什麼？心裡還有衣食住行？心裡還有道友？那你告訴我，你心裡要吃什麼？穿什麼？住什麼？

這位修道人很平靜地說：我的身，需要穿上衣服，這樣，才是莊嚴；我的心，需要充滿慈悲，這樣，才是莊

嚴。我們的身體，要以飯菜為食；我們的內心，要以真理、佛法、禪悅為食。身體要住房子；我們的內心，也要住房子，它住的房子是「絕對不生不死的法性身」。

國王聽得出神了，修道人又繼續說：身體需要同參道友的照顧，內心也需要同參道友：這個道友就是無顛倒，無癡迷，無妄想，無繫縛，無執著，無污染。只要有了這些道友的幫助，就能很快地獲得進步。

國王聽後，深深地感覺到：的確不錯，一個人的錢再多，也只不過養活這個身體，然而，這個身體，早晚也是要壞的，而對於不生不滅的法身——無相真心，我們卻是不曾知曉，更是缺乏照顧。我們不能只是在這個身體上下工夫，我們要證悟我們的無相真心，我們要鍛鍊我們的無相真心。

第八章　證體啟用，妙用無窮

佛教的目的，在於證體——證悟我們的無相心體。證體的目的，在於啟用——啟發我們的心性妙用。捨棄自心，向外追求，這不是真正的佛法，而是心外求法的「外道」。佛法是心靈的哲學，佛法是心靈的實踐，佛法是心靈的提升。

神道設教方便門，慈悲普度諸眾生

佛教以神道設教，它真正的用意，在於體證自心。當然，佛教所說的「心」，並不是唯物論所說的「心」——「反映」。在佛教看來，唯物論所說的「心」，只是「心的現象」，而不是「心的本體」。佛教所說的這個「心」，是人人皆有的，不是向外求來的。由於人們妄情執著，所以，才不能證得此「心」。遺棄自己的本心，一味地向外追求，總是在患得患失中過活，這就是凡夫的境界。凡夫的妄情執著，雖然是這樣的，然而，凡夫的真心本性，卻未曾暫失。佛教的三乘教綱，皆屬方便立教，它的真正用意，只為人們識得此「心」。佛教神道設教，蓋為此也。因此，只要學人假借方便，就能證得無上智慧，只要學人善巧運用，就能識得自己本真。祖師單傳密印，也只為此也。若是往昔蘊智充足之人，便能一聞教誨，當下證真。自性光明，廓徹靈明，無始以來，未曾間斷。親證至此，契合佛義，把捉縱橫，盡由自己，豈不徑直大解脫耶？

禪宗不假宗教，直說此心此理，雖有藉教說禪，亦屬方便措施。六祖慧能大師，以娓娓道來之風，直說佛教的真實內涵：

諸三乘人不能測佛智者，患在度量也，饒伊盡思共推，轉加懸遠。佛本為凡夫說，不為佛說。此理若不肯信者，從他退席。殊不知坐卻白牛車，更於門外覓三車。況經文分明向汝道，無二亦無三，汝何不省？三車是假，為昔時故。一乘是實，為今時故。只教汝去假歸實。歸實之後，實亦無名。應知一切珍財，盡屬於汝，由汝受用，更不作父想，亦不作子想，亦無用想，是名持《法華經》從劫至劫手不釋卷，從晝至夜無不念時也。師（法達禪師）既蒙啟發，踴躍歡喜，以偈贊曰：經誦三千部，曹溪一句亡，未明出世旨，寧歇累生狂，羊鹿牛權設，初中後善揚，誰知火宅內，元是法中王。

《法華經》中所說的羊車、鹿車、白牛車，象徵著佛教的三乘教法。佛教建立三乘之教，是為了誘導三種根基之人，令三種根基之人，各取所需，方便進取。直至證悟到諸法實相，方知三乘是假，一乘是真。佛教所說的三乘，就是指三種方便教法。佛教所說的一乘，就是指人人皆有的無相心體。所以慧能說：「坐卻白牛車，更於門外覓三車」。

佛說《法華》一乘，五百羅漢從他退席。五百羅漢從他退席，也是一個宗教隱喻。對於佛教來說，一個人如果不能明瞭自心，即使面對釋迦牟尼佛，也是不曾識得其真相的。對面不相識，謂之從他退席。智者大師親證「靈山一席，儼然未散」，此中有真義，若以俗情，難以測知。

如果一個人，在冥冥之中，見到了「相好莊嚴的釋迦牟尼佛，滔滔言說化有情」，這也是唯心造境，虛幻不實。如若不信，而是把唯心所生的境相當作真實，這就成了「弄聲捉響，虛營自鬧」的事。大慧普覺禪師說：「靈山一會，儼然未散。為復是謾人耶？是假說耶？此事唯證乃知，難可測。須知妙喜今日說法，與釋迦老子在靈山會上說法無異。」諸人試觀自己的當下，即今還異不？若能見得不異，則「儼然未散」，不是謾也。若也不見，則自欺自謾。

在近現代，雖然有不少的哲學家，試圖在這個已經崩潰了的文化土壤上建造起一座文化大廈，譬如西方的存在主義，唯意志哲學，新湯瑪斯主義，都試圖批判「以物為中心」的拜物主義，提倡關愛人類自身，放棄「捨己求物」的無智追求。西方的情況是這樣，我們東方的情況又怎樣呢？應該說，在人與物的關係上，也是採取了「追物主義」的態度。人類的「追物主義」態度，就像騎在馬背的人，快馬加鞭，直奔前面的懸崖絕壁。在這個奔馳前進的人潮中，美國是跑在最前面的，他似乎已經看到了前面的懸崖絕壁，然而，懸崖勒馬已經來不及，而那些在後面往前追趕的人們，依然是快馬加鞭，勇往直前。

以科學為手段的「追物主義」，只能解決人類的物質需求，而不能解決人類的精神需求，更不能解決人類的心性修養。人類自身的平衡與協調，除了需要「科學技術」，更需要「人文精神」。

返觀一鑑悟真我，本來無縛亦無脫

依照佛教的立場，一切眾生，本來是佛，只因妄想執著，而不能證得，所謂「本來無縛也無脫，只是世人未識得。」為了讓眾生識得這個「本來佛」，佛教運用了各種方法，所謂「八萬四千法門，只為眾生識得自己。」

在禪宗史上，有一段禪宗公案，記載了達摩大師與慧可大師之間的一段禪機問答。這段禪機問答，說明了「自性天然，本自解脫」。由於我們不認識這個「自性」，所以，纏縛於事相而不得解脫。只要我們認識了這個「自性」，契合了這個「自性」，那麼，不求解脫而自解脫，所以，禪宗直截了當地指示這個「自性」，讓我們證悟自性，契合本體。

達摩大師對慧可說：你每天都追隨著我，你到底要向我求什麼？

慧可大師說：我向您求般若智慧。

達摩說：佛教所說的般若智慧，不是從別人那裡求來的，也不是我可以告訴你的。

慧可說：我用功修習佛法已多年，可是，我的心依然還是不安。請求大師給我安心。

達摩大師非常嚴肅地說：拿心來，我給你安。

慧可聽了達摩大師的話，於是，就開始尋找自己的心，試圖把「心」找出來，交給達摩

大師，讓達摩大師給自己安心。可是，慧可找了老半天，就是找不到自己的心。

於是，慧可告訴達摩：我找不到我的心。

達摩說：與汝安心竟。（按：覓心不得時，不是沒有心。我心本來安，何假更求人。）

這時，慧可豁然有省。

我們的心是清淨而無染的，也是安然而不亂的，就像明鏡，無論是裡面有多少影像，其影像無論是多麼雜亂，其實，明鏡也是一塵不染的，也是絲毫不亂的。我們的心體，也是這樣，無論我們的心中有多少「反映」，無論這些「反映」是多麼雜亂，其實，我們的心體，也是一塵不染的，也是絲毫不亂的。佛教文化的目的，就是要我們如是識自心，如是用自心。

二十九祖慧可大師

慧可乞求達摩給自己安心，達摩順水推舟，對慧可說：你把心拿來，我給你安。其實，慧可既不能把心拿來，達摩也不能給慧可安心。然而，達摩卻說「拿心來，我給你安」。達摩大師這樣說，也只是逼令慧可返觀自鑑。返觀自鑑無所見，無念靈知只當前。正於此時，達摩予以印可：與汝安心竟。達摩大師這樣說，也只是印可而已，實無少法可傳，也無少法可得。

在禪宗史上，有一位禪師，他也是非常著名的，他就是達摩禪法的第三祖，他的名字叫僧璨。在僧璨還沒有出家的時候，去求見禪宗二祖——慧可禪師。

僧璨問慧可：我身患風疾，這一定是我業障深重，所以，才會生出這種疾病。我聽說您是得道的高僧，所以前來，懇求大師為我懺悔業障。

慧可說：你把業障拿來，我給你懺悔。

僧璨返觀內尋，試圖把業障找出來，讓慧可大師給自己懺悔。可是，僧璨找了老半天，就是找不到自己的業障。這時，僧璨就對慧可大師說：我找不到一點點業障。

慧可大師順水推舟，說：與汝懺罪竟。

僧璨說：我今天見到和尚，已經知道什麼是僧——心清淨。可是，什麼是佛與法呢？

慧可說：你的心體就是佛，你的心用就是法，你的清淨就是僧。心體、心用、清淨，本來是一。佛、法、僧，原本不二。

這時，僧璨豁然大悟。

禪宗四祖——道信大師，前去求見僧璨大師。在僧璨大師的指示下，道信大師也獲得了開悟。

僧璨大師問道信：你來幹什麼？

道信大師說：我是向你來求解脫的。

僧璨就反問他：誰縛著你呢？

三十祖僧璨大師

道信便返觀自看，試圖尋找出這個繫縛著自己的。結果是，尋找了老半天，沒有找到一點繫縛著自己的東西。於是，他就告訴僧璨大師說：在我的心上，找不到一點繫縛。

僧璨大師說：既然沒有纏縛，更求什麼解脫。

道信大師言下大悟。

當我們返過來觀照自心的時候，我們的一切雜亂妄想，就會冰消瓦解。我常常問人們這樣一個問題：心是什麼？當人們被問到這一問題時，多的數人，頓時就會目瞪口呆。這時才發現，自己根本就不曾識得此心。我們日用此心，卻不知此心，這正是儒家所說的「百姓日用而不知」。若人識得此心，就會發現，我們的這個「心」，本來清淨無染，我們的這個「心」，本來能生萬法，我們的這個「心」，本來覺光普照。只因眾生不識此「心」，所以，妄受污染，虛受纏縛，不得智慧。所以，佛家運用返觀自鑑的方法，引導人們契合自心，誘導人們次第修行。

回頭識得本來面，在在處處體安然

達即遍境是，不悟永乖疏。是即全體是，迷即全不是。為什麼會是這樣的呢？就像有人戴上黑色的眼鏡，黑即一切黑。假如他摘下了這黑色的眼鏡，明即一切明。禪宗裡有一位大珠慧海的禪師，他是馬祖道一的徒弟，他

與學人之間，有一段問答，就說明了「達即遍境是，不悟永乖疏」道理。

學人問：即心即佛，到底哪一個是佛呢？

大珠慧海說：你懷疑哪一個不是佛？請你指出來看看。

學人無對。

大珠慧說：達即遍境是，不悟永乖疏。

沒有智慧的人，覺得黃金最珍貴。具有智慧的人，知道石頭有時比黃金還珍貴。智者能夠金石同觀，所謂「一視同仁，諸法平等。」

蘇東坡體會到了這個道理，曾經寫過兩首詩，後來，成了中國文學史的名句，一首是：

溪聲便是廣長舌，山色豈非清淨身？

夜來八萬四千偈，他日如何舉似人。

另一首是：

橫看成嶺側成峰，遠近高低各不同；

不識廬山真面目，只緣身在此山中。

佛說一切法，為治一切病。病有千萬種，法有百千門。因此，我們不能說哪一種法是對的，哪一種法是錯的。從治病的角度上來看，只要是我們運用得恰當，能夠祛病療疾，一切法則都是對的，所以，在佛教裡，有時說「有佛」，有時說「無佛」；有時說「即心即佛」，有時說「非心非佛」；有時說「青青翠竹盡是法身，鬱鬱黃花無非般若」；有時說「青青翠竹不是法身，鬱鬱黃花亦非般若。」這些看似截然不同的說法，其實，並不是各執己見的學術觀念，而是因人而宜的治病方法。

我們的生活的方方面面，都是般若自性的顯現。這個般若自性，就是無相心體。見色聞聲，起心動念，舉手投足，無不是般若自性的作用，乃至於問答應酬，送往迎來，也盡是這個主人公。這個主人公，就是佛教裡所說的「清淨法身」。這個主人公的無量作用，就是佛教裡所說的「百千百萬億化身」。這個主人公的學問與道德，就是佛教裡所說的「圓滿報身」。佛教裡說的這「三身」，並不是相互獨立的，而是一體不異的。

佛法是覺悟之法，佛法是智慧之法，正是從這個意義上來說，佛法就是覺悟了的人生。所以說，不要心外求法，只要返觀自鑑。禪宗有偈曰：

竟日尋春不見春，芒鞋踏破嶺頭雲。

歸來手把梅花嗅，春在枝頭已十分。

我們的豐富多彩的生活，就像大海裡的千姿百態的浪花。浪花的本源就是水，生活的本源即是心（佛）。所以說，佛法就在我們的當下。

龍潭崇信參訪天皇道悟禪師，一住就是二十年，但是，他認為他的老師沒有給他傳授佛法。於是，就對他的老師說：我自從來到您這裡，您並沒有指示我佛法的心要，我還是到別的地方去學習佛法吧。

天皇道悟禪師就說：自從你來到我這裡，我時時處處都在向你指示佛法的心要啊！

龍潭問：您什麼時候向我指示佛法的心要來？

天皇禪師說：你端茶來，我就接過來喝；你拿飯來，我就接過來吃；你向我合掌問訊，

我就向你回禮；這些不都是在指示心要嗎？怎麼說沒有向你指示心要呢？」

龍潭低下頭，思忖。

天皇禪師說：見則直下便見，擬議尋思即不得。

龍潭當下開悟。更進一步問道：如何保任？

天皇禪師說：任性逍遙，隨緣放曠。但盡凡心，無別勝解。

《金剛經》開頭便說：「爾時世尊，食時，著衣持鉢，入舍衛大城乞食，於其城中，次第乞已，還至本處。飯食訖，收衣鉢，洗足已，敷座而坐……」。一部這麼有名而尊貴的佛經，開頭就說穿衣、拿碗、乞食、吃飯、收衣、放碗、洗腳、敷坐、打坐等生活中的事，這些事情，與《金剛經》所講的「般若自性」（無相心體），到底有什麼關係呢？其實，大有關係，這是因為，穿衣、拿碗、乞食、吃飯、收衣、放碗、洗腳、敷坐、打坐等，都是「般若自性」的顯現，都是般若自性的妙用。如果沒有般若自性，那麼，我們又怎麼能穿衣、拿碗、乞食、吃飯、收衣、放碗、洗腳、敷坐、打坐呢？

正如臨濟禪師所說的，「看取棚頭弄傀儡，抽牽全籍裡頭人。」這個「裡頭人」，正是我們的般若自性，正是人們的無相心體，正是我們的本來面目。我們的生活中的一切，無一不是般若自性的顯現。學習佛法，須是反過頭來，體認這個般若自性。為什麼要體認它呢？這是因為，它是我們的生活的「主人公」。當我們體認了這個「主人公」之後，我們就會發現，我們的生活中的一切，都是這個「主人公」的顯現，都是這個般若自性的顯現。

萬法起處即是真，諸法滅處即生處

人活一輩子，仔細想想，只有嬰兒和老人活得最本真。嬰兒剛生下來，還不會爭、不會論、不會搶、不會奪，而老人已經與人爭過、論過、搶過和奪過了，現在，他不得不躺在病榻上，數著手指，對生命進行倒計時：「要什麼榮華富貴，要什麼功名利祿呢？只要讓我活著，那就好了！」是啊，將死之人，其言也善。可是，我們在年輕的時候，為什麼不會明白、不會生活、不會將自己寶貝的光陰用在自我修養上，而是只會與人較勁，只會爭奪名利，甚至為了虛榮，也會大動干戈。

有一則故事，說的是一位年輕人，常為一些小事與人較勁，與自己鬥氣。

有一天，年輕人去找高僧理論。

高僧聽了他的講述，就把他帶到一間禪房裡，然後，落鎖而去。

年輕人氣得破口大罵：，罵了老半天，沒有任何作用。後來，年輕人終於沉默了。

這時，高僧來到門外，問他：你還生氣嗎？

年輕人說：我只為我自己生氣，我怎麼會來到你這個鬼地方，受你的這份罪？

高僧說：連自己都不肯原諒的人，怎麼能夠做到心如止水？

於是，高僧拂袖而去。

又過了一會兒，高僧又問：還生氣嗎？

年輕人說：不生氣了。

高僧問：為什麼？

年輕人說：生氣也沒用。

高僧又離開了。

當高僧第三次來到門前時，年輕人告訴他：我不生氣了，因為不值得氣。

高僧笑道：你還知道值不值得，看來心中還有氣的根子。

當高僧再一次來到門外時，年輕人問：大師，什麼是氣？

高僧把杯中的茶水，傾地一倒。

年輕人視之良久。豁然開朗。於是，向高僧叩謝。

我們的無量的心理現象，包括我們的歡喜與煩惱，包括我們的知見與情感，等等，都是瞬間即逝的，所以佛教裡說：「過去心不可得，現在心不可得，未來心不可得。」這些心理現象，生從何來？又滅向何處？其實，它從哪裡來，還是回到哪裡去，就像大海中的浪花，升起於大海，還消失於大海，「即生即滅，即滅即生」，這是一個無盡緣起的生命現象，只要我們契合了這個無盡緣起的真體，我們也就獲得了「生生不息，無住無著」大智慧。沒有這種大智慧的人生，無非是「與人較勁，與自己鬥氣」的人生，可是，爭來爭去，誰也不是最終的贏家。輸輸贏贏，贏贏輸輸，當要閉上眼睛，跟這個世界告別的時候，無論這個人是多麼富有與權貴，他也是與普天下的人一樣：萬般不相伴，唯有業隨身。

從人生現象上來看，生老病死，乃人生之必然現象，死是人生的最後階段，每一個人都會進入這一階段的。進入生命倒計時的人，此時此刻，即使在他的面前有一座金山、一個顯赫的位子、一個光榮的稱號，他也不會再要了，他最高的願望就是要活著——健康地活著，哪怕住茅屋，吃糠菜，也是十分樂意的。可是，又有誰能滿足他的這個願望呢？進入生命倒計時的人，他也不會後悔自己的位置坐得不夠高，自己的金錢撈的不夠多。此時此刻，他所後悔的，可能就是那些自己曾經做過的那些錯事。自己曾經做過的那些錯事，一件件浮上心頭，揮它不去，成了伴隨死亡的業障。

與別人爭名利，與別人論是非，與別人鬥心眼，與別人生真氣，與別人搶位子，與別人奪情感，精心策劃，日夜輾轉，從來不考慮生命的安詳與快樂，只是尋求貪欲的滿足，甚至根本意識不到，無論勝與負，這樣的人生，其代價都是很慘重的。

事來則應過即休，無縛無脫過生活

有些人以為，煩惱是因為沒有金錢而造成的，煩惱是因為沒有地位而造成的，只要有了金錢，只要有了地位，一切煩惱也就沒有了。真的是這樣嗎？答曰：絕非如此。有錢的人，可以知道沒錢的人的苦惱，有地位的人，可以知道沒地位的人的苦惱，然而，沒錢的人，卻難以知道有錢人的苦惱，沒地位的人，也難以知道有地位的人的苦惱。儘管沒有錢的人，沒有地位的人，不知道有錢有地位的人的苦惱，然而，有錢有地位的人，並不是沒有苦惱。總之，苦惱在人的精神生活中，是佔有很大比例的。無論是窮人，還是富人，無論是有地位的人，還是沒有地位的人，在他們的精神生活中，也都是有著很多不盡如人意之處的，也都是有著很多痛苦與煩惱的。

有一位小說家曾經這樣說過：人生就像是一段旅程，在這段人生旅途上，佈滿了各種各樣的煩惱深坑。我們的人生，往往是剛從一個煩惱深坑裡跳出來，在還沒有進入第二個煩惱深坑之前，人們懷著幾分恐懼，享受著尚未進入下一個煩惱深坑之前的那份快樂。當進入第二個煩惱深坑的時候，又像從前一樣，在接受著深坑裡的煩惱的同時，奮力抗爭，再奮力、再抗爭，直至爬出這第二個煩惱深坑。在爬出這第二個煩惱深坑、尚未進入第三個煩惱深坑之前，懷著幾分恐懼享受著尚未進入下一個深坑之前的短暫快樂，然後，就是進入第三個煩惱深坑。人就是這樣，糊裡糊塗地走完了自己的一生。

最近看到這樣一則故事，不妨寫出來，讓大家看看，讓大家知道，一個人如果沒有看破紅塵的大智慧，他的人生，就不免是愚昧的。

有這麼一家人，買彩票中了大彩，得了十幾萬元錢。要論說起來，鈔票多了，日子富了，應該是無憂無慮無煩惱了。可是，父親就把這些分給了孩子們，三個兒子平分，最小的是女兒，將來是要嫁人的，所以，只分得五千元。小女兒看見幾個哥哥都是幾萬元，而自己卻只有一個零頭，心裡很不滿意，越想越難受，悲傷地哭了。父親見狀，就教訓了她一頓。於是，她心中就更來氣了。吃飯時，她因哭得傷心，一抽啼，手一抖，把碗掉在了地上。父親更氣了：你還敢摔碗！於是，打了女兒一個耳光。這一打，她更傷心了。於是，想不開，就上吊自盡了。父親看女兒死了，心裡很悲傷，不久也死了。

這不是有了錢而鬧的禍嗎？所以，富貴有富貴的煩惱。富貴的煩惱，並不比貧窮的煩惱少，甚至是還要多。這是因為，他們有了鈔票，就得安排這些鈔票，就得為了這些鈔票而患得患失。他們不僅希望現有的鈔票不要減少，而且還想著多上更多。為了達到這一目的，所帶來的精神上的煩惱就更多了。更嚴重的是，有了地位、有了錢，貪心更重，忘乎所以，胡作非為，把自己的精神世界，搞得個亂七八糟。

外在色相、聲音、味道、感受、金錢、名利、地位，等等，其實，這些因素，只是引起煩惱的外在原因，它們本身並不是煩惱。要想減輕我們的煩惱，乃至於消滅我們的煩惱，我們可以透過改造內因的方法，消除產生煩惱的內在原因，這樣，我們對境觸緣，就不會再生出煩惱。一切外在的現象，一切內在的境界，在智者的眼裡，同於空花水月。既然空花水月，又怎麼會為此而生出煩惱呢？

神通妙用非奇特，看破幻相神自通

從宗教信仰的角度上來看，神通妙用，這是諸佛菩薩所特有的功能，凡夫俗子所不能。真的是這樣的嗎？絕非如此。佛經上所說的神通之事，屬於佛教之表法——以奇特玄妙的文化形式，表達平平常常的心中之事。從這個意義上來說，佛教是以宗教隱喻的方式表述的境界哲學，也可以說是心性哲學。那麼，什麼是神通呢？答曰：念念無住，精神暢通，即是神通。除此之外，更無別神通。問：在禪定中，見到了莊嚴的佛，或者是見到了可怕的鬼，或者是見到了恐怖的地獄，或者是見到了快樂的天堂，這又是怎麼回事呢？答曰：這都不是實有的事。《華嚴經》上說，「若人欲了知，三世一切佛，當觀法界性，一切唯心造。」一切唯心所造的，「心」才是萬法的本源。一個人如果不明白這一事實，反而把幻相當真實，這就成了「作繭自縛，虛營自繞」的事。沒有智慧的人，正是被這些幻相給捆住了。既然是被捆住了，精神就不能暢通。既然精神不暢通，那還談得上什麼「神通」呢？自心本性，本來暢通。若人契合得這個「本來暢通」，即是自性無礙大神通。

宗密說：

言任心者，彼息業養神之行門也。謂不起心造惡修善，亦不修道。道即是心，不可將心還修於心，惡亦是心，不可以心斷心。不斷不造，任運自在，名為解脫人。無法可拘，無佛可作。何以故？心性之外，無一法可得，故雲，但任心即為修也。

不取不捨，不斷不造，莫著有相，勿住空忍，即是解脫人。無法可拘，無佛可得，更有何障礙？所以說，「任心即為修也」。若能任心無拘，則「在在處處即為有佛」，何假「捨凡取聖，著相修行」？

以下這段公案，也說明了什麼是「神通」。

麻谷與南泉二三人，去拜謁徑山，路逢一婆子，便向婆子問路：去徑山的路，向哪個方向走啊？

婆子說：驀直去。（按：若會「徑山路」，驀直無諂曲。也就是說，徑山老和尚的佛

法，直來直去，無遮無障。如此「驀直去」，才能與老和尚的佛法相應。）

麻谷問：前頭水深，過得去嗎？

婆子說：不濕腳。

（按：「不濕腳」之禪話，有其深刻的含義，俗情難以解會。以俗情而觀之，過水「不濕腳」，恰似「履水如地」的神話。可是，現實生活中，有這樣的事嗎？釋迦佛對須菩提說：「汝勿謂如來作是念，我當有所說法。莫作是念。何以故？若人言如來有所說法，即為謗佛。不能解我所說故。須菩提，說法者無法可說，是名說法。」黃檗禪師也說：「終日吃飯，未曾咬著一粒米。終日行，未曾踏著一片地。」終日說法，隨生即滅，無有一字著於當前而不去。若有一字著於當前而不去，豈能更往下說？終日吃飯，粒粒過口，無有一粒卡於喉中而不去。若有一粒卡於喉中而不去，豈能更往下吃？終日行走，步步向前，無有一片地著於腳下。若有一片地著於腳下，豈能更往前走？婆子的「不濕腳」的含義，也是釋迦「終日說法而未曾說」的義，也是黃檗「終日吃飯未曾咬著一粒米」的義。）

麻谷又問：上岸的稻子，為什麼這樣好？下岸的稻子，為什麼這樣孬？

婆子說：總被螃蟹吃卻也。

（按：麻谷問「稻」，婆子故意答「道」，用其諧音也。婆子說：「道（稻）總被螃蟹吃卻也。」也就是說，道本天然，本來無事，迷人妄執，恰是「總被螃蟹吃卻」的含義。）

麻夾問：這裡的禾苗好香啊！

婆子說：沒氣息。

（按：打破對「香相」的執著。）

麻谷又問：你住在什麼地方？

婆子說：只在這裡。

（按：婆子說：只在這裡。試問：「這裡」是什麼處？若往腳下的這片黃土地上認取，明眼衲僧所不許。分明一片閒田地，過來過去問主人。婆子所說的「這裡」，即是禪宗所說的「當下」。）

三人至店。婆子沏好一壺茶，拿三隻杯子來。頗子對麻谷與南泉說：和尚，有神通的可以吃茶。沒有神通的，免吃。

（按：高推聖境，自甘劣小，乃修道人之通病。當時的麻谷與南泉，也落在此病裡。婆子以「神通」之事，堪驗麻谷與南泉，說：「和尚，有神通的可以吃茶。」麻谷與南泉，果然又著在了神通相上，以為神通是悟道聖人的事，與自己無分，所以，面面相覷，吃不得茶。）

在「面面相覷，吃不得茶」的時候，婆子說：看老宿的神通。於是，拈盞傾茶便行。

（按：達道不疑之人，舉杯便飲，即是神通吃茶。運水搬柴，吃茶吃飯，若能暢通無礙，正是神通。你看那婆子逞神通，「拈盞傾茶便行」，更有什麼「神不通」之處？）

婆子的答話，完全合乎「無住無著，本分天然」的義。麻谷問：徑山路向甚處去？婆子從禪宗立場上立意：你們不是去拜謁徑山老和尚嗎？徑山之「道」，平坦無曲，所以說：驀直去。麻谷又問：前頭水深，過得去嗎？婆子還是從禪宗立場上立意：飯不著口，法不著心，水亦不著腳。故曰：不濕腳。婆子更以「神通之事」勘辨麻谷與南泉。於是，婆子送上三杯茶，然後說：請有神通的和尚吃茶。麻谷與南泉，果然著相，以為自己沒有神通，所以，面面相覷，吃不得茶。

什麼是神通呢？依照禪宗的立場，念念無住，通暢無礙，即是神通。麻谷與南泉，若當時到得這個境界，舉杯便飲，豈不是神通？可是，麻谷與南泉未至此境，著於「神通」相，所以被婆子所教化。

無住無著，通暢無礙，即是神通。有住有著，著相自縛，即是不通。著即受縛，離即暢通。禪宗所說的神通，正是指心靈上的這種「無住無著，任運灑脫」。

釋迦牟尼佛在世的時候，當時，有一位修習外道的人，問釋迦牟尼佛：「您有六種通，我有五通。我比您少一通，那麼，我比您少的那一通，到底是哪一通呢？」這時，佛陀就喊了這位外道一聲。這位外道，就答應了一聲。佛陀反問這位外道：「第六通，你還問我？」佛陀暗示這位外道：聽到呼喚聲的那一個（無相

心體），就是這「第六通」。如果證悟到了這個「應聲有響的主人公」，就是獲得了第六通。

所謂外道，就是心外求法的人。如果他證悟了自心，就不可以再稱之為「外道」了。慧能大師說：「愚為小人，智為大人。愚者問於智人，智者與愚人說法。愚人忽然悟解心開，即與智人無別。善知識。不悟即佛是眾生。一念悟時眾生是佛。故知萬法盡在自心。何不從自心中，頓見真如本性？」若能頓悟自心，則與佛無別。

第九章　唯心淨土與健康人生

從表面上看，佛教文化是宗教的，它所追求的目標，並不在我們這個世界上。然而，就佛教的本質而論，佛教則是心性哲學的，它所追求的目標，是對自心的覺悟。佛教對於心性哲學的表述，它所運用的方法，不是邏輯哲學的，而是宗教隱喻的。佛教既然是宗教隱喻，那麼，佛教文化就必然地具有兩層含義，一是它的表面含義；二是它的引伸含義。佛教的表面含義，人人皆懂。然而，佛教的引伸含義是什麼呢？佛教的引伸含義不離人心。佛教所說的娑婆世界（煩惱的世界），也是心靈世界這個意義上的。佛教所說的極樂世界（快樂的世界），也是心靈世界這個意義上的。乃至於十法界中的所有事，都是心靈世界中的事。照著佛家的意思來說，一個人的心清淨了，那麼，他當下的那個世界，就是一個清淨的世界，就是一個淨土的世界。

自心清淨佛淨土，清淨無為大有為

佛教裡流行著一句十分流行的說法——「欲得淨土，當淨其心。隨其心淨，則佛土淨。」這句話的含義是相當深刻的——說明了「心土不二」的道理。所謂「心土不二」，就是說自心就是佛土，佛土就是自心，若不然的話，又何以「隨其心淨，則佛土淨」呢？這就是佛教文化「唯心淨土」的道理。譬如說，一個煩惱的人，他看什麼都煩惱。一個歡喜的人，他看什麼都歡喜。心污垢，見什麼都污垢。心清淨，見什麼都清淨。就像有人，戴一副墨鏡，他說天下是黑的，其實，是他自己那裡黑，所以，所見皆黑。人的「知見」千差萬別，以千差萬別的「知見」，觀察天下的事物，則天下的事物，就會獲得千差萬別的意義，所謂「仁者見仁，智者見智」，其實，這也是「濁者見濁，清者見清」的。

蘇東坡與佛印禪師一起打坐，一柱香下來，各自睜開眼睛看看對方，佛印禪師說：蘇居士，我看你像一尊佛。蘇東坡說：和尚，我看你到像一墩牛糞。佛印禪師不語。笑笑。

蘇東坡以為占了便宜，沾沾自喜，對自己的妹妹說：我一向是輸給佛印禪師，可是，這一次佛印禪師卻輸給了我。蘇小妹說：佛印禪師是怎麼輸的？蘇東坡說：佛印禪師說我像一尊佛，我說佛印禪師像一墩牛糞。佛印禪師一語未發，只是笑了笑。

蘇小妹說：哥哥，你還是輸了。佛經上說，「隨其心淨，則佛土淨」。佛印禪師看你像一尊佛，說明了他的心是清淨的，就像佛的境界。你看佛印禪師像一墩牛糞，說明了你的心是不清淨的，就像凡夫的境界。這時，蘇東坡豁然明白，從自己這裡出來的「牛糞」，到了佛印禪師那裡，卻變成了慈祥的微笑。

有人或許會困惑：自心清淨，那麼，還工作嗎？答曰：自心清淨與勤奮工作，根本就是一致的。自心清淨是於事無染，並不是「一事不做」。就像道家的「無為」，並不是「一事不為」，而是「大有作為」。佛家所說的「清淨」也是這樣，不是「離事而不染」，而是「即事而不染」。佛家所說的「清淨」，是「作而不住，為而不著」的大智慧，也是道家的「無為而無不為」。基於這種人生修養之上的快樂，就是人生之至樂。由貪心的滿足，所引起的快樂，是不能與「人生至樂」相提並論的。貪心的滿足，所引起的快樂，那不是智慧解脫，而是鹽水止渴。明末清初時，有一本叫《解人頤》的書，對人的貪欲作了這樣的描述：

> 終日奔波只為饑，方才一飽便思衣。
> 依食兩般皆具足，又想嬌榮美貌妻。
> 娶得美妻生下子，恨無田地少根基。
> 買到田園多寬廣，出入無船少馬騎。
> 槽頭有了騾和馬，歎無官職被人欺。
> 縣丞主薄還嫌小，又要朝中掛紫衣。
> 若要世人心裡足，除是南柯一夢西。

一個人累死累活，依然是窮得連飯都吃不上，這時，他只想著填飽肚子，別無他求。可是，飯吃飽了，並不是欲望的結束，在這時，換一件新衣服，也合情合理。衣暖食飽，思淫欲，自然是要娶個太太。太太娶上了，兒子也有了。這一切的滿足，並不是結束，直至朝中做了官，他更想著第一把交椅。即使得到了第一把交椅，他還不會就此甘休，他又要求那個根本求不到的長生不死。秦皇漢武，便是此類。這一類人，以缺憾的心，看天下的事，則天下的事，也就成了缺憾的事。可見「事隨心轉」的道理。

清代著名廉吏葉存仁，給我們留下了這樣一首詩：

月白風清夜半時，扁舟相送故遲遲。
感君情重還君贈，不畏人知畏己知。

據載，葉存仁做了三十餘年的官，為人兩袖清風、一塵不染。在他離任的時候，他的部下，執意要送行話別。但是，送行的船遲遲未來。葉存仁很納悶。到了明月高掛的時候，終於來了一葉小舟。原來，他的部下故意來遲，等到夜裡，臨別贈禮，以避人耳目。葉存仁心中有感，賦詩一首，拒禮而去。

「不畏人知畏己知。」也就是說，為官者要有「怕」的心理，怕失學，怕失志，怕失察，失足。事實上，只有做到「官有所畏」「良知明察」，才能為官正派，做人坦蕩。

在中國文化裡，清淨無為與大有作為，也是圓融不二的。真正的清淨無為，一定是大有作為。清淨無為的人，他的心理上無有任何障礙，所以，他的作為是流暢無礙的。流暢無礙的作為，也是大有作為，流暢無礙的作為，也是清淨無為。一個人的修養達到了何種的程度，他也就在何種程度上顯示他的清淨無無為，他也就在何種程度上實現他的大有作為。也就是說，一個人的修養越高遠，他的內心也就越清淨，他的作為也就越有力。正是因為清淨無為與大有作為，原本是一回事，所以道家才說，「道常無為而無不為。侯王若能守之，萬物將自化。化而欲作，吾將鎮之以無名之樸，鎮之以無名之樸，夫將無欲。不欲以靜，天下將自定。」以清淨之心，做利人之事，無可無不可。然而，無可無不可，並不是為所欲為，這是因為，無可無不可是依著清淨心而行的，為所欲為是順著貪婪、瞋恚、愚癡、傲慢等等習氣而行的。

君子之心是清淨無為的，君子之行是大有作為的，清淨無為與大有作為，無二亦無別。所以說，以清淨之心，行利人之事，既是清淨無為，也是大有作為。

濟世利人超然情，超然情懷利群生

濟世利人是儒釋道三家的共同追求，儒家把濟世利人當作天經地義的事，佛家與道家也把濟世利人視為理所當然的事。關於智慧解脫，儒釋道三家也各有表述，道家說「物物而不物於物」，「聖人有情而不為情累」。佛家說「心能轉物，即同如來」，「神通與妙用，運水與搬柴」。孔子更是於世事人情上忙得不亦樂乎。凡是具有極高修養的人，他們都具有濟世利人的情懷，他們都具有勤奮無住的作風。他們不是世事人情的旁觀者，而是世事人情的參與者，他們以超然的情懷，做利人的事業。這樣的超然與濟世的統一，正是佛教文化所說的智慧解脫。智慧解脫是世事人情之中的流暢無礙，是世事人情中的無縛無脫。

智旭大師藉用儒家《中庸》一書，闡述濟世利人與超然情懷的統一，他說：

佛祖聖賢之學無他，求其盡心而已。盡其心者，不於心外別立一法，不於心內欠缺一法。是故為子臣弟友，止孝忠順信，充惻隱、辭讓、羞惡、是非之心，而仁義禮智不可勝用。造次顛沛必於是，可以久處約，長處樂，皆由了達心外無法故也。

智旭大師的這段話，也就是說，智慧解脫的宗教，是不離世事人情的，也是超然於世事人情的，這完全是心地上的修養。忠孝順信，一切諸法，莫不以心為本，所謂濟世利人者，也只是盡心而已。「造次顛沛必於是，可以久處約，長處樂」，也就是說，無論是順境，還是逆境，皆能以平常心而處之，這便是以超然的情懷，行現實的事功。可見，超然情懷與濟世利人，並不是截然不同的，而是融為一體的一種精神境界，所以，元代高峰元妙禪師說：「佛法世法打成一片，滕滕任運，任運滕滕，麗麗落落，乾乾淨淨，做一個無為無事，出格真道人也。」

有人以為，儒家是入世的，佛家是出世的。一個是入世，一個是出世，兩家文化猶如水火不相容。這樣的見解，屬於對於中國文化的表面認識。入世與出世，是心性修養上的事。如果一個人以超然的胸懷，做利人的事業，那麼，這個人就是「世出世間圓融不二」的。

那些通達了佛家文化的人，他們都是「世間而超然，超然而世間」的。近代淨土宗印光大師融會儒家思想，常常用儒家思想開導佛徒。印光大師在《復陳伯達居士書》中說：

汝說自利須出家，利他須不出家，不知修戒定慧者，唯出家為易，若修淨土法門，則在

家更為得力也。倘謂在家決難修行，則出家也不能修行。何以故？以在家不著力，出家能認真乎？此可預決其不能之勢耳。汝家有妻子，無所依靠，何可作此妄想？此系因循推託之情。使汝真出家，汝仍是懶惰懈怠，無所成就。光見之多多矣。（引者注：印光見這事見得太多了，都是在家懶惰出家依然懈怠的人。）至於受戒一事，諸惡莫作，眾善奉行，乃三世諸佛之總戒，誰不許汝自己發心受？即五戒誰不許汝向佛前自誓受？何須要到普陀方能受乎？普陀千萬勿來，以來須用若干川費，經若干日，也不過但受以五戒之名相而已。即必欲從師受，常熟也有清修僧人，豈不能授？而必欲從光受乎？學佛之人，先以知因果，慎獨上下手。既能慎獨，則邪念自清，何至有所不如法處。若有，則當力令斷滅，方為真實行履，否則，學在一邊，行在一邊，知見愈高，行履愈下。此今學佛自稱通家者之貼骨大瘡。倘能以不二過是期，則學得一分，便得一分之實益矣。

由此可見，佛教文化的真精神，不在於在家與出家，只在於愚迷與覺悟。愚迷即世間，覺悟即彼岸。若依著「諸惡莫作，眾善奉行」的基本原則，在家與出家，都是行持佛法。

佛法是濟世利人的，同時也是超然解脫的，所謂「濟世而超然，超然而濟世」。世俗「拜拜」意義上的佛教，並不是佛教文化的本質，「濟世而超然，超然而濟世」的精神境界，才是佛教文化的真

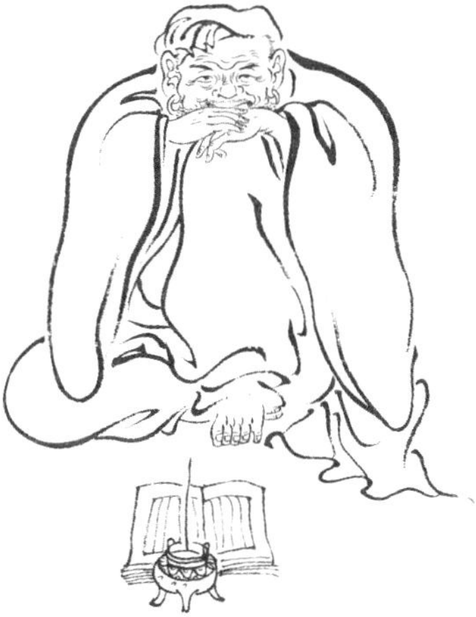

精神。

眼內有塵三界窄，心頭無事一床寬

從世俗的觀念上來看，所謂心外的空間，是指我們生存的外在環境。譬如我們居住的房舍、活動的場所，甚至於宇宙自然界，都是我們心外的空間。對於外在的空間，我們必須認識清楚，我們才能活動自如，才能運用得當。假如我們要從甲地到乙地去，首先應該瞭解，路線如何走？乘坐什麼交通工具？需要花費多少時間？應該準備些什麼東西？以及各種安全問題，等等。如果這些問題都搞清楚了，那就可以享受愉快的旅行了。所以，我們對於心外的世界，只要多用點心去探求，小心謹慎的去瞭解、去適應，那就可以了。

最困難的是心內的空間，它是無形無相的，不可捉摸的。不論一個人的權勢有多大，他所能達到的物理空間，仍然是有限的。「擁有良田千頃，夜眠不過八尺。」可是，佛教裡所說的「心靈空間」，是無有限量的——小則絲髮難容，大則無量包容。佛教裡說：「心包太虛，量周沙界。」

什麼是心靈空間呢？平時，當我們描寫一個人的心量廣大的時候，我們就會說：「宰相肚裡能行船。」可是，佛教所說心靈空間，是隨緣包容一切的，就像海納百川，不揀巨細。我們的心體，本來隨緣含相，我們的心體，本來清淨無染，我們的心體，本來神通妙用，只是由於著相住境，所以，才使得無限包容的自我，變成了狹隘妄執的自我。佛教的真正用意，就是要打破這些執著，開拓我們的心靈空間，以至於契合那個「絕待無對，包容一切」的本源真性。

日本的夢窗國師說：

青山幾度變黃山，
世事紛飛總不干；
眼內有塵三界窄，
心頭無事一床寬。

世界的成住壞空，法相的生住異滅，眾生的生老病死，一切都在密移變遷，這就是這首偈所說的「青山幾度變黃山」。也就是說，無論是多麼宏大的事相，它總是剎那剎那地變遷而去，每一個剎那間的狀態，都是不停留的。

如果我們證悟到了這個無相心體，立足於這個無相心體，那麼，我們就會發現，世事的變遷，就如同鏡中的相，空中的電。萬相不礙鏡體淨，閃電無妨虛空性。這就是這首偈所說的「世事紛飛總不幹」。也就是說，無論世事如何變遷，我們的無相心體，永遠是清淨的，永遠是當下的。

如果我們在心裡無是生非，作念自繞，或者順著貪心的鼓動，強奪巧取，或者是順著嗔心的驅動，傷害他人，這就是「眼內有塵」。在這個時候，我們的心胸，就會變得非常的狹隘。

只有體證到了我們的無相心體，契合了我們的無相心體，我們才能夠慧觀世界萬相，我們才能夠「即事而超然」。這時，即使只有一張床，我們的心也是寬廣的。

差別相上百千殊，歸元至本一真心

平等是很寶貴的。看看今天的世界：種族之間不平等，大國小國之間不平等，甚至男女也不平等，貧富更不平等……。在這個現實的世界裡，由於人們住著在這些差別相上，所以，是非、煩惱、仇恨、紛爭才會不斷地發生。

佛陀在菩提樹下，證得無上正等正覺，遍觀大地眾生，發出由衷的感慨：「**奇哉！奇哉！大地眾生皆有如來智能德相，與佛平等無二。**」如果我們證悟到了這一「如來智慧德相」，我們自然就會自尊自重，同時，也尊重他人。為什麼呢？這是因為，按照佛教的觀念來說，現在的眾生，就是未來的佛。尊重現在的眾生，就是尊重未來的佛。《法華經》中的常不輕菩薩說：「我不敢輕視汝等，汝等將來皆當作佛。」如果每一個人都能尊重他人，人間自然就會沒有了紛爭。

包容也是很重要的。從現象上而論，世間的事物必定會有很多相異的，例如：思想見解的不同，生活習慣的不同，語言文字的不同，以及其它種種的不同。為什麼我們不能相互包容呢？這是因為，我們還沒有證悟到無差別智，只是在差別智上妄生取捨。對於合乎自己意見的事物就生出「取」的態度，對於不合乎自己意見的事物就生出「捨」的態度。如果我們人人都這樣，這個世界就成了互不相容的世界了。當互不相容到極致的時候，就會變成人為地壓制對方。人與人之間的相互壓制，就必然會導致激烈的鬥爭。鬥爭的極端，就是相互間的殘殺。

如果我們站在無差別智上來看，現象之間的差異，人與人之間的差異，思想觀念之間的差異，都是源於無差別智的生滅不定的現象。這些現象，本來就是虛幻的，就像鏡子裡的影子，就像大海裡的波浪，雖有而不永恆，所以，不可定執為實。如果我們立足於差別智上，就會順己則喜，逆己則惱，從根本上來說，這就是一種自我執著，同時，也是一種否定異己。佛教的目的，就是要我們證悟到這個無差別智。只有證悟到了這個無差別智，才能相互包容，相互融洽。

「竹密不妨流水過，山高豈礙白雲飛？」竹子一根一根的密集生長，流水還是一樣潺潺流過；無論山有多麼的高，也不會妨礙白雲飄過去的。

流水白雲有何德性呢？答曰：「隨緣不變，不變隨緣」，「靈動活潑，不拘一格。」儒家也說：「知者樂水；仁者樂山。知者動；仁者靜。知者樂；仁者壽。」這段語錄的意思是說，智者的快樂，就像水一樣，隨方就圓，不拘定格，他永遠是活潑的。仁者的快樂，就像山一樣，敦厚寧靜，崇高偉大，他永遠是寧靜的。孔子說，知者的樂，是動的，像水一樣。仁者的樂，是靜的，像山一樣。正是因為這樣，所以孔子的結論是，智者是活潑快樂的，仁者是寧靜長壽的。我們的無相心體，本來就是「隨方就圓」的，所以佛教裡說「真元無相，隨緣現相。」我們的無相心體，本來就是寧靜而安詳的，所以佛教裡說「本自涅槃」。只要我們真正地體證到了這個無相心體，立足於自性而處世，我們就會有水的靈活與山的寧靜。

差異是共存的條件，然而，如果各自為是，就會無風起浪，爭鬥不休。有一則寓言，恰好說明這個道理。

我們的一隻手有五個手指頭，一向是和平共處，相安無事。有一天，這五個手指頭，忽然爭吵起來。大姆指對其餘四個手指說：「在這個手裡，我代表最大，我代表最好！所以，你們四個應該由我來領導。」

食指聽了，很不服氣，就說：「這五個手指頭，我最有用。你們看！只要我一伸出來，指這裡，指那裡，大家都聽我的指揮，我才是最大的，也是最重要的。」

中指也不服氣，說：「嗨！你不要這樣講。這五個手指頭，我是最長的，以我為中心，我才是最重要的。」

無名指也不服氣：「你們統統不要講了，我無名指雖然不要名，但是，鑽石與金戒，全都戴在我上面，我才是最尊貴的。」

小拇指說：「這隻手如果沒有我，只有你們四個的話，也不像一隻手吧！」

大家一聽，這個道理沒錯。這時，小姆指又說：「當我們拜祖先、拜佛的時候，要合掌禮拜，我卻是排在最前面的！」

從平等的觀點來講，這五個手指頭誰是第一？個個是第一，通通都有用。一隻手一定要五指並存，才能成為一隻手，才能具有各種功能。所以，大家不必爭我第一，大家都是第一。

平常胸懷平常事，人生無處不解脫

佛家所說的「平常心是道」，可以從兩個方面來理解與運用。第一，本體論意義上的「平常心」。本體論意義上的「平常心」，就是古人所說的「道」，所以禪宗說，「平常心是道」。我們舉一個禪宗的例子，藉此來體會一下這個「平常心」。

六祖慧能悟道之後，五祖弘忍便把自己的衣缽交給了慧能，以表示慧能已經悟道，承續了五祖之後的六祖之位。慧能帶著五祖交給他的衣缽，離開了五祖，向南行進。當人們知道了衣缽南去之後，後面便有很多人追趕，要追回衣缽。在追趕慧能的人中，有一個叫慧明的和尚，他在未出家之前，是個四品將軍，跑得比別人快，他第一個先追上慧能。這時，慧能心想：衣缽只是表法的信物——表示得了心法的物證，並不是真正的佛法。於是，慧能就把衣缽放在石頭上，自己隱藏在草莽中。慧明見到衣缽，上前提挈，可是，提挈不動。為什麼慧明提挈不動呢？關於這一點，眾說紛紜。有人說，衣缽是傳法的信

三十三祖惠能大師

物，慧明沒有得法，護法神不許，所以他提挈不動。又有人說，不是這樣，慧明也知道衣缽是傳法的信物，不是真正的佛法。真正的佛法，用武力是搶不來的。自己還沒有得法，縱然用武力搶來了衣缽，也不過是虛有其表。並且依照佛法的戒律，搶奪祖師衣缽，是大惡之行。因此，他的良心發現，就再也拿不動了。說法雖有不同，然而，歸根結底，佛法不是搶奪而來的。於是，慧明就喚慧能說：「行者，行者，我為法來，不為衣缽。」這時，慧能從草莽中出來，對慧明說：你既然為法而來，我就為你說法。現在，你屏息諸緣。勿生一念。於是，慧明屏息諸緣。勿生一念。就這樣，過了良久。慧能對慧明說：不思善，不思惡，一念不生。正於這時，哪個是你的本來面目？於此當下，慧明豁然有省。

在這一念不生的時候，只是無念，不是無心。念頭與心，不是一回事。為什麼這樣說呢？這是因為，念頭有生滅，而這個「心」，卻不生不滅。如果沒有了「念頭」，也就沒有了「心」，那麼，這個知道「有念」，又知道「無念」的，它是什麼？它會隨著念頭的生滅而生滅嗎？答曰：不會的。這個「有念時知有念，無念時知無念」的，正是我們的本來面目。所以，慧能指示慧明說：一念未生之時，那個「了了分明、朗照無住」的，正是你的本來面目。慧明於言下頓悟。禪宗所說的「平常心」，就是這個無相心體。

第二，「平常心態」意義上的「平常心」。這個意義上的「平常心」，就是要我們保持一種「平常心態」，無論順境，還是逆境，都以平常心態而對待之。

過去有一位出家人，在寺廟裡擔任典座（即煮飯、燒菜），從二十歲的青年一直做到五十歲的老人，整整做了三十年。有一次，道源禪師到寺裡參訪。

道源禪師問這位典座：「您在寺裡做什麼工作？」

僧曰：我是典座，燒菜做飯呀！

道源禪師問：做多久了？

僧曰：三十年了！

道源禪師問：你三十年做典座，沒有參禪打坐、讀經念佛嗎？

僧曰：是。

道源禪師問：三十年只做典座，不參禪打坐、讀經念佛，這不是太浪費了嗎？

僧曰：禪師，您有所不知，這典座的工作，裡面的佛理多著呢！

道源禪師問：哦？也就是燒菜做飯罷了，這裡面還能有什麼佛理？

僧曰：唉，這其中的佛理，我是說不完的。說了您也聽不懂啊！

道源禪師問：為什麼？

那位典座老和尚笑著說：三十年的心得，一粥一飯，一花一葉，都在日用平常中領略了，在升火洗菜間受用了。您沒有親身體驗，又怎麼說沒有佛理呀？

「只要自心平常，東西南北都好。」這位出家人，做典座的工作，一做就是三十年，心中平常，安然無事，這就是暗合道妙。如果我們離開了這顆平常心，一味地執著於事相，那麼，我們就會被事相牽著鼻子走。像這樣的人，無論多麼富有，也只是外物的奴隸。

從前有一個禪師，四處雲遊參禪。有一天，忽然下了雨，他就近躲到一家肉鋪裡避雨。一會兒，來了一個買肉的人，對賣肉的老闆說：「給我割一斤肉，我全要瘦的，不要肥的。」老闆說：「好！我給你割一斤，全都是瘦肉。」買肉的人，稱心如意地走了。過了一會兒，又來了一個買肉的人，對賣肉的老闆說：「老闆，我買一斤肥肉，煉油用，不要瘦的。」老闆說：「好！我給你割一斤，全都是肥的。」這個買肉的人，也稱心如意地而去。不一會，又來了一個人，對老闆說：「老闆，給我割一斤肥瘦攙半的五花肉。」老闆說：「好，我給你割一斤肥瘦攙半的五花肉。」買主也稱心而去。老闆說：「你看！我這裡的肉，塊塊都是好肉。」

這個禪師聽了，馬上就明白了，原來，好壞都是因人異的。的確，這個豬肉哪裡是好？哪裡是不好呢？這完全是由於買肉人的愛好。喜歡吃瘦肉的人，就討厭肥肉，於是，就說瘦肉好，肥肉不好；喜歡吃肥肉的人，就認為瘦肉不好，於是，就說肥肉好。就像人們常說的：「蘿蔔白菜，各有所愛。」其實，瘦肉與肥肉，蘿蔔與青菜，事物的本身，是沒有什麼好壞的，事物之所以有好有壞，完全是依照人的生活習慣與價值追求而定的。倘若把習氣消除淨盡了，就可以隨緣受用了。

我們再返觀一下我們的煩惱，它是從哪裡來的呢？就是由於我們挑肥揀瘦、愛憎取捨、一意孤行，試圖讓天下的事情都順著自己的意的緣故。順意則喜，逆意則惱，未得患得，已得患失，心裡面一點也不平淡。

據說，孔子絕糧於陳，孔子的學生們就向老師建議，我們就向對面的那個大財主借一點糧食，充充饑。孔子說：那麼，你們就是試試看吧！子路一向很衝動，說：我去借。子路敲開了財主家的門，那個財主看一看子路，問道：你是誰啊？子路說：我是孔子的學生。財主問：前來何事？子路說：前來向您借點糧食吃。財主說：你既然是孔子的學生，一定是識字的人了。那麼，我給你寫一個字，你如果認得，這糧就不要借了，我把糧食送給你們吃。如果不認得，借也不給，買也不賣。

於是，財主就寫了一個真假的「真」字。子路一看，便說：這有什麼難的，不就是個真假的「真」嘛！那個財主，把門一關，說：去，不借。子路跑回來，跟孔子一說，孔子便說：我們到了這一地步，飯都吃不上了，你還認什麼「真」嘛！子貢聽了孔子的這番話，心中就有了主意。子貢說：老師，我去借。

子貢敲開了門，老財主還是寫了那個「真」字。子貢心想：剛才，子路認「真」，吃癟了，那麼，我就認「假」。

子貢說：這是個「假」字。財主更生氣了，說：你還不如剛才的那位，他還能很誠實，認認真真地認「真」，可是你，卻認「假」。老財主說：去，不借。子貢跑回來，跟孔子一說，孔子便說：唉呀！你不可以認「真」，也不能認「假」呀。所以佛家說：「不應取法，不應取非法」。面對事相，應當如何？人們要想解決這個問題，就得要明心見性。只有實現了明心見性，才能真正地見得「全假即真，全真即假」的真相。若不然者，盡屬著相，不得解脫。在這個問題上，佛家有一句話說的很好：坐水月道場，行空花佛事。

第十章　佛教修行的一般原理

明心見性是佛教文化的總綱，也是佛教文化的意旨所在。為了實現明心見性，佛教建立了許多法門。佛教所建立的這些法門，都是如實地認識自我的方便途徑。佛教修行的法門雖然有很多，然而，這許許多多的法門，也有著共同的原理——「藉方便而定心」，也就是藉助於方便方法而達到安心定性的目的。「藉方便而定心」，這是一切方法的共同之處。譬如淨土宗藉助於念佛而定心。禪宗藉助於疑情而定心。密宗藉助於三密相應而定心。律宗藉助於觀照心行而定心。天臺宗藉助於止觀雙運而定心。等等。在定心的基礎上，才能實現明心見性。明心見性之後，還要更加進步，這樣，才能達到圓融無礙的大智慧。

佛教修行的目標

無論是教內人士，還是教外人士，關於佛教的見解，普遍地存在著這樣一種觀念，就是認為佛教所說的那些事，是冥冥之中的那個世界中的事，因此，就有了這樣的二種人。第一種人，他們認為，佛教所說的事，是虛假不實的，因此，對佛教就產生了極力排斥的態度。第二種人，他們認為，佛教所說的事，是真實不虛的，因此，對佛教就採取了極力外求的態度。這二類人，停留在佛教文化的表面，未能看到佛教文化的深義。正是因為這樣，難以實現明心見性這一宗旨。

（一）明心見性——根本智

明心見性，是個重疊詞。明心即是見性，見性即是明心。明心見性，顧名思義就是明白、證悟我們的「心性」，把我們自己的精神世界認識清楚。

那麼，什麼是我們的「心性」呢？也就是說，什麼是我們的「心」呢？人們通常會這樣認為，「心」就是我們的「思想」，「心」就是我們的「反映」。其實，思想或反映，根本就不是「心」。思想或反映，只能說是「心」的「現象」。心理學上也叫做「心理現象」。我們有很多「思想」，然而，我們不會很多「心」。我們的「思想」是流動的，是生滅的，然而，我們的「心」，卻不是流動的，也不是生滅的。假若我們的「心」，隨著前一個念頭而消失了，那麼，後一個念頭又怎麼會生出來呢？生生不息的念頭的背後，一定有一個不生不滅的「心」。生生不息的念頭，都是這個不生不滅的「心」生出來的。這個「心」，就是我們的無相心體，就是我們的本來面目，佛教裡也把它叫做「法性身」。佛教文化所說的明心見性，就是明這個「心」，就是見這個「性」。這個心，這個性，正是諸人「真實的自我」。

如果沒有這個「心」，我們對境生不起「主觀反映」來。我們之所以能夠見色聞聲，之所以能夠起心動念，就是此「心」的作用。我們的這個「心」，無形無相，靈妙無比，因此，我們稱它為無相心體。佛教裡所說的明心見性，就是體證這個「無相心體」。

從前，在古代印度，有一位國王，問婆羅提尊者：什麼是佛？

尊者告訴他：我們的心就是佛。國王又問：尊者見到佛了嗎？

尊者答道：我見到了佛。國王又問：佛在何處？

尊者說：佛在我們的每一個作用上顯現出來。國王問：是何作用，我為什麼不見？

尊者說：我們對面交談，不是正在作用嗎？國王問：我也有這個佛嗎？

尊者說：您怎麼會沒有呢？假若您沒有這個佛，您怎麼能聽到我講話呢？假若您沒有這個佛，您怎麼能看到我舉動呢？

國王聽了婆羅提尊者的開示，當下茅塞頓開，契會了無相心體。

我們的這個「佛」，我們的這個「心」，透過我們的眼眼，能夠看到東西；透過我們的耳朵，能夠聽到聲音；透過我們的鼻子，能夠辨別香臭；透過我們的口舌，能夠言語表達；透過我們的手臂，能夠拿放東西；透過我們的腿腳，能夠奔運行走。這一切，無一不是這個「心」的作用。

據說，釋迦牟尼佛在臘月初八，夜睹明星而悟道。悟道就是明心見性。明心見性就是悟道。釋迦牟尼佛為什麼見到天上的星星就悟道了呢？是看到了星星上的另一個世界嗎？不是的。睹明星而悟道，是緣所見（明星）而悟到了能見（自心）。

星星離我們那麼遙遠，可是，我們的「心」，卻能把它包容進來，所謂「天地盡在我心中」。這就顯示了我們的心的廣大無邊。我們的心，「大而無外，隨緣包容。小而無內，不見其形。」這也就是佛教裡所說的，「放之則彌於六合，收之則退藏於密」。我們的心的作用，就是這樣的靈妙無比，就是這樣的包羅萬象。如果我們真正地體證到了這個「心」，那就是明心見性，那就是「花開見佛悟無生」。花開，就是說「智慧花開」，見佛，就是說「明心見性」。

（二）神通妙用——後得智

對於佛教所說的神通妙用，一般人都會生出許多玄妙猜測，他們認為，有了天眼通，就能看到天堂，就能看到地獄，就能看到諸佛菩薩。有了天耳同，就聽到天國的語言，就能聽到鬼神的對話。有了他心通，就能知道他人心中的事。有了宿命通，就能看到他人前生的事。有了神足通，就能遨遊太空。有這樣的宗教幻想的人，已經被宗教幻想所障礙。所以，本來很暢通的心，反而變得不暢通了。

什麼是佛教裡所說的神通妙用呢？答曰：神通妙用，這是一個重疊詞，神通就是妙用，妙用就是神通。所謂神，就是指我們的精神。譬如說思考問題，觀察現象，領略音聲，發明創造，送往迎來，無不是我們的精神作用。精神暢通就是神通。神通就是精神暢通。可是，為什麼又不通了呢？就是因為著相的緣故。我們著什麼相，就會被什麼相所束縛。如果我們被相束縛住了，那麼，我們的精神就不暢通了。

有一則故事，可以給予我們一些啟示。

據說，有一位從戰俘營裡放出來的人，前去拜訪他當年的戰俘營裡的一位難友。

他問他的同窗難友：你原諒了那些戰俘營內殘暴的傢伙了沒有？

同窗難友說：是的，我早已原諒了他們。

他說：可是，我一想起這些殘暴的傢伙，我就恨得咬牙切齒。

同窗難友聽後，非常沉靜地說：如果是這樣的話，他們現在仍然還監禁著你。

總而言之，沒有任何東西束縛我們的心靈，都是因為我們自己太著相，自己把自己給繫縛住了，使得我們不得解脫，使得我們不得神通，使得我們失去自由。

還有一則故事，也說明了這一道理。

過去，有一個後生，從家裡到禪院去，在路上，他看到了一頭牛，被穿了鼻子，栓在樹上。這頭牛想離開這棵樹，到草地上去吃草，轉來轉去，就是脫不開身。這位後生，想用這個有趣的事，考考禪院裡的老禪師。這位後生來到禪院，與老禪師一邊品茶，一邊閒聊。

後生突然問了一句：什麼叫團團轉？

老禪師說：只因繩未斷。

後生聽到老禪師這樣回答，頓時目瞪口呆。

老禪師見狀，問道：是什麼使你如此驚訝？

後生說：我驚訝的是，你是怎麼知道，那頭牛被栓在樹上，圍著那樹團團轉呢？

老禪師微笑著說：你問的是事，我答的是理，你問的是牛被被繩子栓住，我答的是心被妄想糾纏。事雖不同，理卻相通。」

為了錢，我們東西南北團團轉；為了權，我們上下左右轉團團；為了名，我們日日夜夜團團轉。我們如果是這樣地追逐事相的話，恰似那頭栓在樹上的牛，圍著那樹團團轉。為什麼呢？皆因繩未斷。然而，繩子又是什麼呢？就是我們的妄念。

禪宗有一首著名的偈語，是龐居士寫的。

日用事無別，唯吾自偶諧。頭頭非取捨，處處勿張乖。
朱紫誰為號，丘山絕點埃。神通並妙用，運水及搬柴。

神通妙用不是別的物，也並非什麼希奇事。運水及搬柴是神通妙用，我們的心靈的一切作用，無不是神通妙用。

淨心的一般原理

我們一想到佛教，就會想到佛教的打坐修行。以為佛教的打坐修行，就是靜靜地坐在那裡，什麼事也不做，是一種十分消極的生活作為。其實，也不盡如此。佛教的靜坐，如果從淺處來說，靜坐具有淨化心靈的作用。如果從深處來說，靜坐不但能夠淨化心靈，還能開發智慧。現在，我們就從淨化心靈與開發智慧的角度，來談談靜坐對人生修養的意義。

在現實生活中，我們需要工作學習思考，這是自身生存的需要，也是人類生存的需要。當這樣的動態生活達到了一定程度時，我們同樣也需要寧靜與睡眠，來調劑我們的心靈狀態。生活的動之與靜，各有各的作用，都是人生不可缺少的。我們要善於調節生活的動靜，使生活達到一種最佳的平衡狀態。

靜坐除了具有靜養身心的作用，還有開發智慧的作用。人們要想獲得「超然於動靜」的大智慧，也是需要從「息下妄念，返觀自鑑」而做起的。禪定就是「認識自我，超然相外」的有力工具。禪定靜坐只是開發智慧一個基礎，然而，僅僅憑著禪定靜坐還是不夠的，這是因為，由生活的動態，進入到禪定的靜態，猶如蕩鞦韆一樣，從這一端而蕩到那一端，這兩端都不是永恆的。動靜二相的本源是什麼？還須人們在這個地方透得過。在這個地方透得過，才能以本統末，動靜全收。

佛家禪定的目的，不是為了禪定，而是為了智慧。禪定只是獲得智慧的方法，而不是智慧本身。在佛教史上，有很多案例，都說明了這一道理。

在唐朝，有位很著名的和尚，俗姓馬，人稱他馬祖。馬祖從小出家，學通了佛教的教理，禪定的功夫也很高。到了三十歲，他還沒有開悟。他整天坐禪，很用功夫。有一位大禪師，名字叫懷讓，是六祖慧能的弟子，看到馬祖整天坐禪，很是用功，便前去教化他。

懷讓禪師問馬祖：你整天在這裡坐禪用功，到底圖個什麼？

三十五世江西道一禪師

馬祖就說：我用功坐禪，圖作佛。

懷讓聽了馬祖這樣的回答，就知道馬祖還沒有開悟，只是坐在那裡守護著那份清靜。於是，懷讓就拿了一塊磚頭，在馬祖旁邊的一塊石頭上，磨這塊磚頭。磨磚發出的噪音，使得馬祖不能進入禪定。

馬祖入定不得。於是，就問懷讓：你磨這塊磚頭做什麼？

懷讓說：我把這塊磚頭磨成鏡子。

馬祖心中更加困惑，問道：磨磚怎麼能夠成鏡呢？

懷讓反問馬祖道：既然磨磚不能成鏡，難道你坐禪就能成佛嗎？

馬祖進一步問道：既然坐禪不能成佛，那麼，如何修行才能成佛呢？

懷讓進一步啟發馬祖：譬如我們用牛拉車，車如果不走，這時，我們是應該打車呢？還是應該打牛呢？（按：懷讓禪師的這一問題，明確地告訴馬祖：如果要想前進，就要打牛，打車是沒用的。同樣，人們的修行，若要進步，就應該在「心」上用功，拘身是沒用的。）

懷讓告訴馬祖：我們的心靈，無形無相，包容萬相，是天地之間最靈妙的，我們應該認識它，它才是「不生不滅」的。

馬祖聽了懷讓的話，豁然之間，心意超然，當下就開悟了。

馬祖悟了道之後，又跟著懷讓禪師鍛鍊了十年。後來，道業純熟，人們都向他求法問道，受他的教化而開悟的人也很多。當時，在佛教界，有很多的大德高僧，都成了他的學生，或者是成了他學生的學生。

可見，打坐禪修，雖然是佛教的一項很重要的實踐活動，然而，卻不是佛教的目的。佛教的目的，是讓人們認識自我與開發智慧。

還有一則故事，是釋迦牟尼佛對阿難的教化。

有一天，釋迦牟尼佛與阿難旅行到了一個地方，那一天，天氣很熱，釋迦佛覺得口渴，所以，就對阿難說：「我們剛剛走過的那條小溪，你去到那兒取些水來。」

阿難回到那條小溪，他發現那條小溪，被一隊馬車剛剛踏過，溪水被弄得很污濁。於是，阿難就回到了佛陀的身邊，對佛陀說：「小溪裡的水剛被馬隊踏過，已經變得很污濁，不能喝了，我知道前面還有一條小溪，我們到那裡去取水。」

佛陀說：「不，你還是到剛才那條小溪去取水。」

阿難心想：那條小溪裡的水已經很渾濁了，就是取來也是無法喝的，完全沒必要浪費時間。但是，佛陀說了，阿難就必須得去。阿難就問佛陀：「我怎樣才能使溪水變清呢？」

佛陀說：「請你什麼都不要做，否則，你將會使它變得更渾濁。」

佛陀說：「你再回去取水。」

阿難第二次回到那條小溪的時候，水是那麼的清澈，泥沙已經被沖走了，枯葉也消失了。阿難笑了。他取了水，快活地回來，拜在佛陀的腳下，說：「您教導的方法真是奇蹟，您給我上了如何修行的一課。

所以，只要我們能夠耐心地等待，那些葉子就會被沖走，那些泥沙就會被沉澱，溪水就會恢復它的清澈。對待我們的妄念，也應該是這樣的：以妄逐妄妄亦妄，若人無心自清涼。

但是，我們總是沒有耐心，總是東尋西尋，東想西想，總是安不下心來，所以，佛教裡才創造出了種種靜心的方法，或讓人念佛，或讓人念咒，或令人參禪，或令人觀想，等等。佛教裡所創造出的這些方法，總而言之，無非是為了栓住這個胡思亂想的妄心，巧妙地把這個胡思亂想的妄心安定下來。僅僅把這個妄心安定下來，這還是不夠的，在這個基礎上，還要藉緣悟真——明心見性，識得我們自己。

佛教裡有這樣一個故事，也說明了「假方便而靜心」的道理。

在藏區的一個荒僻的山區，有一位老婆婆，她的丈夫和兒子都過世了。這位老婆婆獨自一人，住在一間茅草屋裡。

這位老婆婆由於境遇坎坷，覺得自己罪業深重，就到處向人們求教消除罪業的方法。有一天，她遇見一位路過的人，這位過路的人教給她一個消除業障的方法，讓她念觀世音菩薩的六字大明咒：嗡嘛呢叭咪吽（om ma ni bei mei hong）。結果，她把咒語記錯了，把「嗡嘛呢叭咪吽」念成了「嗡嘛呢叭咪牛」。牛和吽的發音，當然差別很大。

老婆婆為了鞭策自己精勤念咒，於是，她準備了兩個大碗。一碗放滿黃豆，另一碗空著。每念一句「嗡嘛呢叭咪吽」，就把黃豆放到空碗裡一顆。這樣循環往復，從未間斷，念了三十幾年。

有一天，一位有修行的喇嘛路過這裡，他遠遠地就看見了一間茅草屋，放射著金色的光明。喇嘛心想：「我走過那麼多地方，拜會過那麼多高人，從來沒有見過如此盛大的光明。這茅草屋裡一定住著一位高人。」

喇嘛走進茅草屋，見到的卻是一位老婆婆，貧窮可憐，孤苦伶仃。老婆婆見到喇嘛到來，趕緊跪下來頂禮，口裡還念著「嗡嘛呢叭咪牛」。

喇嘛心裡非常納悶，剛剛見到的光明，難道就是這位老婆婆發出的嗎？於是，就問道：老太太，你在這裡住多久了？只有你一個人住嗎？

老婆婆說：已經三十年。只有我一個住。

喇嘛問：你一個人住在這裡，不覺得孤獨嗎？

老婆婆說：不會啊！我在這裡修行，過得很好。

喇嘛問：你修什麼法呢？

老婆婆說：我只念一句「嗡嘛呢叭咪牛」。

喇嘛一聽，不禁嘆息，說：老太太，你錯念了一個字，應該念「嗡嘛呢叭咪吽」，不是念「嗡嘛呢叭咪牛」。

老婆婆聽了非常傷心，認為自己三十幾年的功夫都白費了難過得落淚。但是，她馬上止住了。向喇嘛頂禮說：還好，現在您給我糾正過來了，否則，我就要一路錯到底了。

喇嘛糾正了老婆婆的錯誤之後，告辭了老婆婆，繼續趕

路。

這時，老婆婆按照喇嘛教的方法，重新起修。她邊念，邊流淚。她悔恨自己浪費了三十年的光陰。

喇嘛走遠了，回頭一看，那間茅草屋，竟然沒有了光明，他十分震驚。轉念一想：糟了，是我害了她。

於是，喇嘛趕緊走回茅草屋，對老婆婆說：我剛才教給你的「嗡嘛呢叭咪吽」，是與你開玩笑的。

老婆婆說：師父為什麼要騙我呢？

喇嘛說：我只是試試你對三寶是不是有誠心，結果發現，你對我的話毫不懷疑，實在非常可貴。其實，你原先念的「嗡嘛呢叭咪牛」是對，以後就照你原來的那樣去念。

老婆婆聽了，高興極了，趕緊跪下來拜：謝天謝地，我三十年的功夫沒有白做。

喇嘛告辭之後，老婆婆繼續念她的「嗡嘛呢叭咪牛」。

喇叭走到山頂上，再回頭一看，茅草屋又有了光明。

看來，無論是念「嗡嘛呢叭咪吽」，還是念「嗡嘛呢叭咪牛」，只要是能夠定心在所念的「咒」上，就能產生「念咒靜心」的作用。由此看來，無論是淨土宗的念佛，還是密宗的念咒，它的真正的用意，不在所念的佛上，也不再所念的咒上，而在於「自心」。

佛教裡還有一則非常著名的故事，也說明佛教的「藉方便而定心」的原理。

有一天，佛陀走到祇園精舍的門口，見到有一個比丘，在那裡哭泣。這個比丘的名字叫周利盤陀伽，是個不聰明的人。

佛陀走到他的跟前，問周利盤陀伽：你為什麼要在這裡哭泣？

周利盤陀伽說：佛陀，我生性很愚鈍，我隨同哥哥一同出家，哥哥前時教我背誦一偈，我記不得，哥哥說我對於修道沒有希望，他今日命令我回家，不准我住在這裡，我給他趕出來了，所以，在這裡哭。懇求佛陀慈悲救我。」

佛陀聽後很慈祥的安慰他道：有這樣的事嗎？你不要記掛在心上，自己知道自己愚，那就不是真愚，相反，真正愚鈍的人，是那些自以為是而不知道自己愚的人。

佛陀命令阿難教授周利盤陀伽。不久，阿難也回來說：我實在是沒辦法教會他一首偈。為此，佛陀只得親自來教了。佛陀給了周利盤陀伽一把笤帚，然後，問周利盤陀伽：這是什麼？周利盤陀伽說：笤帚。佛陀說：你就用這把笤帚掃院子，一遍一遍地掃，在掃的時候，每掃一下，你就念一聲「笤帚」。

周利盤陀伽依照佛陀的吩咐，一遍又一遍地掃院子，一遍又一遍地念「笤帚」。周利盤陀伽認真地工作，專心地念「笤帚」。日久功深，他的內心變得十分地寧靜，他的內心漸漸清明起來，過去不明白的道理，現在漸漸明白起來。

周利盤陀伽專心地念「笤帚」，漸漸地息下了貪嗔癡之心，使自己達到了一種平等的心境，解脫了無明煩惱。

周利盤陀伽覺悟以後，很歡喜的走到佛陀的座前，頂禮佛陀，說：佛陀，我現在已經消除了心內的塵垢。

佛陀很歡喜，讚揚了周利盤陀伽。佛陀就對大家說：誦很多的經文，如果不瞭解經義，那也是沒用的。只要受持一句偈頌，依照它去實行，就一定能夠得道。你們看看周利盤陀伽，就是一個很好的榜樣。

可見，學顯教也好，學密宗也罷，念佛也好，念咒也罷，可以說，我們學一切法，修一切行，其實，都是「藉方便而安心」，使我們的心獲得清淨與安詳。老婆婆誠心地念咒，心地一片清淨，這已經達到了修行的目的，在這種情況下，咒音的不同，對於她來說，就不是更重要的了。即使周利盤陀伽，既不念佛，也不咒，只是念一句「笤帚」，也能自淨其意，也能開悟。

佛教裡的修行方法有很多，但是，它們都有著一個共同的目的，那就是明心見性。如果我們不按照正確的方法去實踐，只是以「燒香禮拜、求福求報」為能事，那是不能實現明心見性的。所以，我們要想發揮佛教的精神文明的作用，就非得提倡明心見性不可。那麼，我們用什麼方法才能達到明心見性的目的呢？為了適應各種人的愛好，我們簡略地介紹一下禪宗、淨宗、密宗這三大宗派的基本原理與修行方法。

禪宗的修行方法

要想實現明心見性，最快的方法，莫過於禪宗。禪宗所謂「直指人心，見性成佛。」——禪宗是教外別傳，也就是說，禪宗是佛教文字之外的特別傳授，是佛教的「以心印心」。禪宗不像其它宗派一樣，讓人們按部就班地次第修行，慢慢地到達那個關節點上，然後，再由老師適機點破，或自己觸緣而悟。如果我們綜觀而看的話，其它宗派的漸修，則是禪宗頓悟（明心見性）的基礎。禪宗的頓悟（明心見性），則是一切宗派的宗旨。所以說，我們學習了禪宗，切不可輕視其它宗派。這是因為，其它宗派的漸修，是禪宗頓悟的基礎。

禪宗是佛教的心髓部分，掃一切相，離一切執，氣勢磅　，人才輩出，所以，唯有禪宗，獨稱宗門，也就是歸宗至本的一門。中國佛教之興隆昌盛，全賴禪宗作為中流砥柱，獨挑大樑，不但佛教各派大受其益，儒家與道家，也藉其風光。但是，降及近世，這僅有的一門，似乎也要堂前草深三尺、無人問津了。為什麼呢？這是只因，整個佛教的修行，忽視了次第漸修這一基礎，失去了克期求證這一心志。

禪宗的進修，最重要的就是師資。學人之所以能夠迅速開悟，全賴明眼老師的適機鍛鍊，否則，禪門學人，則難有入門之處。現在，禪門師資，如此缺乏，又到哪裡去尋覓這樣的大宗師呢？實在是可惜。這就要看禪門學人的福報與機緣了。

傅大士說：「夜夜抱佛眠，朝朝還共起。起坐鎮相隨，語默同居止。纖毫不相離，如身影相似。欲識佛去處，只這語聲是。」試問：諸人還知這聲音的去處麼？今代酬一語：諸聲去處即來處，來處去處一事同。試問：諸人還見這「語聲的來去處」麼？見則當下見，擬議即不得。寶志公禪師也說：「未了之人聽一言，只這如今誰動口？」

南嶽慧思大師偈曰：「天不能蓋地不載，無去無來無障礙。無長無短無青黃，不在中間及內外。超群同眾太虛玄，指物傳心人不會。」布袋和尚也說：「只個心心心是佛，十方世界最靈物；縱橫妙用可憐生，一切不如心真實。」臨濟禪師說：「赤肉團上有一無位真人。要識這無位真人麼？即今說法、聽法者是。」僧問大珠慧海：「如何是佛？」大珠慧海直截了當地說：「清談對面，非佛而何？」僧問歸宗智常：「如何是佛？」歸宗智常更加直截了當，答道：「即汝便是。」等等，這樣的禪話，也不勝枚舉。這樣的直指人心，多少直捷，多少痛快！可惜，我們卻不曾識得此「心」。

唐宋之後，禪宗則很少再用直指人心的方法，而是改用參話頭。為什麼要改用參話頭呢？這是因為，人心不古，以理解為是，沒有實際的證悟。就像有些禪宗文化研究者，他也知道禪宗的「即心即佛」，然而，他就是不知「心」是什麼？沒能證悟自心，只是口頭是說「白心是佛」，這就叫做「口頭禪」。因此之故，後來的禪師，就一句「無道理可講的話」，安在學人心上，使得學人透又透不過，繞又繞不過，整個身心陷入疑團之中。這時，學人行不知行，坐不知坐，所有妄念，於不知不覺之中，完全化為疑情。時節因緣到來，就能桶底脫落，內外明徹。悟心之後，方知辛勤參究，也是多此一舉，這是因為，佛性天真，不屬修證。但是，如果不走這麼一段辛勤路，又怎能夠打開這黑漆桶，見到這本來面目呢？悟道之前的這一段工夫，卻不是白用的。

禪師們創立了參話頭的方法，絕非讓大家千篇一律地參究某個話頭，禪師們因人而異，就不同的來機，給他們不同的話頭。因為話頭用意，就在於使學人起疑情。如果不起疑情，那就毫無作用。所以，禪宗裡說：大疑大悟，小疑小悟，不疑不悟。

在參究話頭的時候，更要明眼宗師的時刻留意，以便隨時隨地給學人以啟發。譬如馬祖道一，便藉用吃飯、遊山、入室等機緣，隨時隨地開示百丈懷海。

百丈懷海禪師，福建長樂（今福州東南）人，王氏子，幼年的時候就出家，佛教的經、律、論，都學得非常透徹。後來，跟著馬祖道一作侍者。

每到吃飯的時候，百丈懷海才揭開飯筐蓋，馬祖道一便拈起一片胡餅，問懷海：是什麼？沒到吃飯的時候，每每如此。這樣，經歷了三年。可惜懷海，只見胡餅，未曾悟心——見胡餅的是誰？所見之相皆生滅，能見之心無去來。無生無滅無來去，即是諸人真如心。馬祖拈胡餅，意不在「胡餅」，而在「見色的人」。

又有一天，懷海隨馬祖道散步，這時，正好有見一群野鴨子飛過。馬祖用手一指這群野鴨子，問：是什麼？懷海說：野鴨子。又過了一會，等野鴨子飛過去之後，馬祖又問：到什麼地方也？懷海說：飛過去了。這時，馬祖伸手把懷海的鼻子扭住，然後一擰。懷海負痛失聲。馬祖進一步地指示他：過去了沒有？（按：知疼知不疼的這個「靈知之心」，它過去了沒有？分明是未曾過去的那一個）。懷海於言下有省。

依照禪宗的立場，昨日見胡餅的，正是今日見野鴨子的，所見有二，能見無別。昨日見胡餅的，正是今日見野鴨子的，也是剛才負痛失聲的，它恆常寂照於當下，未曾過去。參究禪學，不是在文字上尋求道理，而是在自心上體悟真實，同時，學人要想悟道證真，還需要明眼宗師的適機點撥。若不然的話，就很難以悟入宗乘。

我們在不思善、不思惡——前念已斷，後念未起的當下，我們的心中，雖然沒有任何念頭，然而，我們的心，它依然是了了常明。我們要薦取這個「了了常明」。從這個地方契入，這是禪宗最直截了當的方法。

淨土宗的修行方法

淨土宗的修行方法，可以說法門極深極廣，普攝一切眾生，圓該五時八教。淨土宗所說的「土」，就是禪宗所說的「心」，就是佛教所說的「佛」。清淨之心就是淨土，淨土就是清淨之心。所以淨土宗說：「欲得淨土，當淨其心。隨其心淨，則佛土淨。」心即是土，土即是心，而心又是宇宙間「大而無外，小而無內」的，所以說，沒有任何一宗，能夠超乎「淨土」之外。所以，淨土法門，能高能下，可深可淺。

如果就淨土宗的本義來講，我們的心清淨了，則一切土、一切處，無不清淨。如果我們的心不清淨，即使在最清淨的地方，也是充滿煩惱塵垢的。古代的大德們說：如果我們的心清淨了，阿鼻地獄就能變成淨土。如果我們的內心，污垢不淨，淨土也會變成阿鼻地獄。至於西方淨土，乃表日升於東，日落於西，結果圓成之義。

當前普遍流行的修行方法，可以說，就是淨土宗的念佛法門。淨土宗的念佛法門，也是具有實際的人生修養意義的。現在，我們藉用念佛法門，談談淨土宗的人生修養意義。

在淨土宗，有三種念佛的方法。一是實相念佛，二是觀相念佛，三是持名念佛。這三種念佛的方法，表面上看起來是不同的，實際上而論，卻是一樣的，都是攝持妄心，使其不為境牽。下面我們就從科學心理學的角度，來談談念佛的宗教形式所內涵著的人生修養的價值。

第一，實相念佛。

實相念佛類似於禪宗，它不念有相佛，也不念無相佛，不著於有相，也不著於無相，而是時刻照顧自己的當下心，使其不跟著色塵境界跑。色塵境界不僅僅包括外在的認知物件，也包括內在的思想觀念，總之，凡是有相的東西，無論是內識，還是外塵，皆屬於色塵境界的範疇。修行人如果跟著色塵境界跑，按佛家的標準來說，便是心隨境轉了，便是著相了。實相念佛就是要照顧自己的當下心，使之不跟著色塵境界跑。若有所跑，即刻牽回，猶如禪宗的「牧牛圖」所喻：牧童喻修行人，喻實相念佛的人；牛喻跟著色塵境界跑的妄心習氣。起初之時，那頭野牛的野性難馴，它是不肯就範的，所以，牧童一手牽韁，一手執鞭，以令其就範，這象徵著修行人的自我護持，使自心不跟著色塵境界跑。

世事繁雜，皆需用心料理，若說能時時看得住這個妄心，使其不跟著色塵境界跑，就我們這些深入世間的人來說，那是很難做到的。所以，實相念佛，對是深入世間的人來說，很少有人行持這種方法。

第二，觀相念佛。

觀相念佛就像藏密的觀想法一樣，它是把某一塵境，或某一佛像，當作觀想的物件，使被觀想的塵境或被觀想的佛像，能夠在觀想者的心中歷歷分明。如此觀想，其實，也是「以一念代萬念」的方便方法而已，以這種方法，制止住這個狂亂奔逸的妄心。由於人們的習氣總是於各種境界中推波助瀾，眼要看好看的，耳要聽好聽的，口要吃美味的，心要想隨意的，心思動盪，愈演愈烈，成一種難以止息之勢，總之，趣境的習氣勢力是很難以降服的。為了使人從隨境流遷的境界中解脫出來，不再被各種境界拖著跑，佛家便想出了種種辦法，用以克服種種妄習。觀相念法佛的方法，也是方便法門中的方便之一。

觀想法就是在自己的心中觀想起一個像，這個像或是一個宗教圖景，或是一尊佛菩薩像，總之，那是一個唯心所造的圖像觀念。人們用心想念這個圖像觀念，使它歷歷分明，為的就是要用這個圖像觀念抑制住其它妄念的產生，所謂「以一念代萬念」。要使所觀想的「圖像觀念」歷歷分明，觀想者就必須全神貫注，心無旁騖。全神貫注，心無旁騖，則紛紛擾擾的妄念，便會漸漸地停息下來。由於觀想力的攝持，觀想者便無暇顧及到其它妄念。定心一處，妄念不起，即是方便清淨。

如果就究竟了義的清淨上來說，無論是所觀想的「圖像觀念」是多麼的殊勝與莊嚴，那依然是一個唯心所造的虛妄境界。學人若能於此一堪堪破，豁然識得這個「齊含萬相的淨明覺性」。識得這個「齊含萬相的淨明覺性」之後，立足於這個淨明覺性，隨緣起諸妙用，這才是佛教所說的究竟了義的清淨。

然而，初機之人，難以頓了此事，故須心住一處，令心有個方便息止。藉此方便，降服粗妄。藉此方便，精進不懈，待功夫純熟，唯此一念（所觀想的圖像觀念），他念不生。正於此時，為人師者，當為點破，令其證見實相。學人證悟實相之後，方知三藏十二部經，皆是自心本性的注腳。今日證悟至此，乃得無字真經矣。所以古人說，「六經注我」，「三藏十二部經，不出一心」。到此境地，方知一切法相，無不是無相心體中的事，所謂：「無明塵勞即是菩提。無集可斷。邊邪皆中正。無道可修。生死即涅槃。無滅可證，無苦無集，故無世間；無道可滅，故無出世間。純一實相，實相外更無別法。」此時，生死涅槃，娑婆極樂，等同空花幻影。若於空花幻影中更求解脫，那自然是夢中妄為。

第三，持名念佛。

持名念佛同觀相念佛一樣，其道理也是心繫一緣，攝諸妄念。妄念若起，也不理睬。一心只在佛號上，哪有閒心說閒話管閒事。由是之故，任他妄念自生自滅，不去理睬，就像「龍銜寶珠，游魚不顧」。佛號喻寶珠，游魚喻妄念。也就是說，修行的人，若能一心執持名號，心念耳聞，專注其上，妄念亂起，也不理睬。

佛家用這種方法，來比喻持名念佛的方法。如果一個人念一句佛號，心念耳聞，妄念若起，也不理睬，則妄念自然脫落。這種持名念佛的方法，看似宗教的，而其效用卻是非宗教的——心性修養的。觀相念佛，是觀那個「唯心所造的視覺圖像」。持名念佛，則是觀那個「唯心所造的聽覺圖像」。無論是「視覺圖像」，還是「聽覺圖像」，其實，那都是唯心所造的心理現象。觀想的人或念佛的人，把自己的心思灌注在這個唯心所造的「心理現象」上，那自然是一個「以一念代萬念」的「自淨其意」的方便方法。一念即唯心所造的佛念，萬念即胡思亂想的妄念。學人若能藉念佛之法，證悟到了這個「念佛的心」，本分天然，無縛無脫，此人便是體證到了「實相」的人，這便是淨土宗所說的「無相悉地」，也是「常寂光淨土」。在這個一真法界裡，全是諸人自己，更無心外之物。

實相念佛與觀相念佛，這種功夫比較難做，不如持名念佛更加方便，所以，淨土宗的行人，大都運用持名念佛這一方法。因此，我們就持名念佛的方法，來談一談淨土宗的修行。

佛教巧妙地創立了持名念佛的方法，把「阿彌陀佛」這個名號，安放在眾生的心中，巧妙地代換眾生的妄念，使眾生在不知不覺之中，淨化了心靈。古代的大德們說：「清珠下於濁水。濁水不得不清。佛想投於亂心。亂心不得不佛。」

佛經上談到念佛淨心的方法時說：「都攝六根，淨念相繼，得三摩地，斯為第一。」也就是說，運用一句佛號，心念心聞，栓住眼、耳、鼻、舌、身、意，使之不再外馳。上中下三種根基的人，不問是哪一種人，只要能按照這種方法去做，內而身心，外而世界，一切放下，將眼、耳、鼻、舌、身、意這六根，全神貫注在這一句佛號上，綿綿密密的用功下去，就會於不知不覺中，把垢心轉化為淨心，透徹佛法的真義。

念佛時，既不能操之過急，追求念佛的數量，或一味地放聲大念，以免傷氣耗血。同時，也不能疏漏緩慢，讓妄念有空子可鑽。念佛如能像推重車上山一樣用力，句句相接，字字分明，即使下下根基的人，也能達到念佛的真正目的。因為真正的佛法，不在於思考理論，而在於恭行實踐。只要心不外馳，一心念佛，淨念相續，久久功純，自然就會妄心消融，明心見性。

淨土宗的大德們告訴人們，不要管他是否一心不亂，也不要問他明心見性與否，只安詳穩步地念下去，自然就會水到渠成。淨土宗把高深的道理，放在平易的實踐之中，上契諸佛心，下合眾生機。故上、中、下三種根基的人，如果能夠遵教而行，平實念佛，都能夠實現明心見性，而不像禪宗，只接上上根基的人，中下根基的人，則難以相應，所以說，淨土法門，深遠廣大。

為了端正我們的見地，現將印光大師的「念佛三昧」摘錄如下：

若論證三昧之法，必須當念佛時，即念返觀，專注一境，毋使外馳。念念照顧心源，心心契合佛體。返念而念，返觀而觀；即念即觀，即觀即念。務使全念即觀，全觀即念；觀外無念，念外無觀。觀念雖同水乳，尚未鞠到根源！須向著一念南無阿彌陀佛上重重體究，切切提撕，越究越切，愈提愈親，及至力極功純，豁然和念脫落，證入無念無不念境界。所謂「靈光獨耀，迥脫根塵。體露真常，不拘文字，心性無染，本自圓成，但離妄念，即如如佛。」此之謂也。功夫至此，念佛得法，感應道交，正好著力。其相如雲散長空，青天徹露。親見本來，本無所見，無見之見，是名真見。到此則溪聲山色，鹹是第一義諦；鴉鳴鵲噪，無非最上真乘。活潑潑應諸法相而不住一法；光皎皎照了諸境而了無一物。語其用，如旭日東昇，圓明朗徹；語其體，猶皓月西落，清淨寂然。即照即寂，即寂即照，雙存雙泯，絕待圓融，譬若雪覆千山，海吞萬象，唯是一色，了無異味。論其益，現在未離娑婆，常預海會，臨終則一登上品，頓證佛乘。唯有家裡人，方知家裡事，語於門外漢，遭謗定無疑！

淨土宗所證悟到的淨土境界，與佛教其它宗派所證悟到的境界，從歸根到底的意義上來說，都是一樣的，也是當下的。這個當下的一心境界，是很難以說出的，就連印光大師，也只得慨歎地說一句：「語於門外漢，遭謗定無疑！」

密宗的修行方法

密宗也是佛教救度眾生的方便法門，也是一切宗派不能離開的法門，譬如佛教的各宗各派，都是離不開持咒的，淨土宗為了有助於修行，也持《楞嚴咒》、《大悲咒》、《往生咒》以及十小咒等。這許多的咒，正是密法？

參禪的人，參至種子翻騰時，進又進不去，退又退不出，無可奈何時，也是要藉助於密咒的。憨山大師說：「歷代禪宗大德，均密持神咒，潛假佛力，但秘而不宣。我今為諸仁公開指呈：參禪參至無始無明種子翻騰煩悶欲絕時，須迅速加持《楞嚴咒心》，仗佛慈力，方可渡過難關。」教外別傳，直指見性的禪宗，也是離不開密法的，更何況其它法門？

密宗以《大日經》與《金剛頂經》為依據，立十種心，統攝諸教，建立曼荼羅，身、口、意三密相應，即凡成聖。佛教密宗，教派與法門繁多，然而，從其歸宗至本的意義上來講，也是以明心見性為目標的。現在，我們就選擇與明心見性有關的密宗開示，略加表述。

密宗各派，力用均不可思議，依法修持，均得真實受用，皆能證成聖果。但其中最圓滿、最完善、最殊勝者，莫如紅教的大圓滿法。紅教的大圓滿法，是九乘次第修行的最高境界，也是一切密宗的歸宗至本之處。大圓滿法之前的恆河大手印法，相當於禪宗的直指心法，並且比禪宗較為完整。大圓滿法的前半部——「徹卻」，三空相印，即禪宗的明心見性；大圓滿法的後半部——「妥噶」，身化虹光，即禪宗的向上一路。

憨山大師云：「念佛不得力者，可以持明（即持咒），仗佛心印之力，可收事半功倍之效。」尤其禪宗行人，參一句刻板話頭，無明師鍾煉摎逼，而了無消息，白費精力，莫如改修密法，仗佛慈力，易於開悟成就。

密法的傳承，在師徒關係上，有特殊的儀軌——灌頂傳承。在修行的方法上，有特殊的方法——持咒結印。鑑於密法的特殊性，在這裡，我們只能說明其基本的原理。

密宗的修行，無論是作意觀想，還是結印持咒，總其目的，就是攝持妄心，勿令外馳。這一階段的修行，目的在於降服其妄心。觀想成就之後，還須打破觀想而成的「意境」，因為，這種意境，依然是唯心所生的，不是諸法之本源。結印持咒，得定之後，無論這種定境是何等的殊勝，也不是諸法第一義，因此，應該予以打破，不可住著。這時，就需要明眼宗師的心要開示。密宗裡的心要開示，就像禪宗裡的開示一樣，都是「直指人心」的。或者參閱《恆河大手印》《無然覺性直觀解脫之道》等等。修行到這個階段上，獲得了成就之後，才是一個真實的成就，在這時，再參閱佛教的各個宗派，就會發現，「方便有多門，歸元無二樣。」一切方便方法，都是為了明心見性這一根本宗旨的。

總之，佛教內一切宗派、一切法門，都是在運用種種方法，息滅人們的著相外馳的妄心。這樣，慢慢地用功下去，就能「就路回家，返本還原」了。所以佛經上說，「息下狂心，即是菩提。」這個菩提，就是佛家所說的般若智慧。

生活中的修行方法

要想與佛教的真義相應，就必須遠離執著，無縛無脫，無住無著，這樣，才能與佛家所說的大智慧相應。假若著相，向外祈求，即使靈驗，也不是真正意義上的佛教文化，更不是佛家所說的大智慧。所以，我們應該在日常生活中，要隨緣應事，無住無著，以「空蕩之心，應萬緣之境」，盡己之能，利益大家，這樣，也就契合了佛教文化的真正含義，也就契合了佛家的般若智慧。

在日常生活中，我們要保護我們的真心本性，使它不要跟著境界（現象）跑，跟著境界跑，就是被境界牽著鼻子走。被境界牽著鼻子走，就不是解脫，就不是自在，就不是智慧。

為什麼這樣說呢？因為我們著相，纏縛在虛妄想的境界裡，就不是自在解脫的人。我們要想保護自己的真心本性，外不被境轉，內不隨念遷，時時刻刻做得主人，我們首先就要認識我們的真心本性（佛教裡把它叫做佛性，禪宗把它叫做本來面目）。我們只有認識了它，才能談得上保護它。要想體認我們的真心本性，就在我們的一念斷處來體認，也就是在前念已過、後念未起的當下，悟得這了了常明的靈知，它究竟是什麼？前念已過、後念未起，當下無有一念，然而，此時的無有一念，並不是無「心」。這個「心」，它依然是了了常明，有念知有念，無念時知無念，這個知有知無的，它是什麼？在這個地方體認得清楚，就是禪宗所說的明心見性。

我們認識了我們的真心本性之後，就要綿綿密密地保護它，不要讓它跟著境界跑。不跟著境界跑，並不是不做事，也不是不思考，而是以空心來做事，以空心來思考，所謂「事來則應，過去不留。」我們只要不著幻相，幻相就不能束縛我們。我們之所以受縛，我們之所以不得解脫，就是我們著相。因為我們著相，幻相才繫縛了我們。其實，說到底，幻相（現象，內而主觀現象，外而客觀現象）本來就是虛妄的，猶如鏡中像，猶如空中電。鏡中的相，怎麼能繫縛明鏡呢？空中的電，怎麼能繫縛虛空呢？這是繫縛住住的。

龐居士有頌曰：

但自無心於萬物，何妨萬物常圍繞？
鐵牛不怕師子吼，恰似木人見花鳥。
木人本體自無情，花鳥逢人亦不驚。
心境如如只這是，何慮菩提道不成？

龐居士又有囑曰：「但願空諸所有，慎勿實諸所無。」也就是說，著空著有，皆成繫縛。識破空有，始得妙用，這才是佛家的大智慧。

佛教文化的真正目的，就是讓我們認識真正的自己，開發我們本有的般若智慧。在這一點上，禪宗是最直截了當的。禪宗直指我們的真心本性，讓我們認清我們的真心本性，讓我們依照真心本性而隨緣做事，也就是《道德經》上所說的「孔德之貌，唯道是從。」唯道是從，就是依真心而行。後來的禪宗，雖然花樣翻新，然而，也都是想著辦法，斷開我們的妄念，使我們在「前念已過，後念未起」的當下，識得這個了了常明的無相心體。這個無相心體，它越過了佛教的宗教儀規，它超越了佛教的次第漸修，是佛教的非宗教第一義。譬如人問大珠禪師：如何是佛？大珠禪師答道：清談對面，非佛而誰？也就是說，對面談話的，不是佛又是什麼？演義開來而說，那就是，這能言說的即是，這能聽言說的即是。這這能言說，能聽言說的，它是什麼？它就是我們的無相心體，它就是我們的清淨法身。

消滅貪嗔癡，勤修戒定慧

眾生的貪心，有無量之多。眼要看好看的，耳要聽好聽的，鼻要嗅好聞的，口要吃要味的，身要觸舒服的，意要想滿意的，追求權力、金錢、虛榮，無不是著相自纏的心行。得意忘形，失意忘形，總在忘本逐末的妄求中，總在虛幻假相的奴役中。佛教就是要讓我們看破這些幻相，不再被這些幻相所奴役，獲得心靈的解脫。

眾生的嗔心，也有無量之多，可以說，念念難脫嗔恚之心。可以說，由貪心所帶來的滿足與不滿足，都是嗔心的變相形式。貪心就是佔有，不但要佔有自己所喜愛的事物，還要運用權力，按照自己的意志來統治所有的人，這種以自我為中心地統治天下人與物的妄心，也是一種貪心，也是一種嗔心。因為嗔心是與貪心相伴而生的。

眾生的癡心也很多，其數量之多，也是不可數盡的。總之，為物所轉，不能作主，昏蒙無知，無有智慧，就是癡心。

佛教裡所說的這個「癡」，還不完全是我們通常所說的「癡」。我們通常所說的「癡」，是相對聰明而言的。在日常生活中，我們說某人「愚癡」，就是說這個人「不夠聰明」。佛教所謂說的「癡」，並不是這個意思，而是說這個人，被幻相牽著鼻子走，作了幻相的奴隸。佛教所說的這種「癡」人，就包括那些「聰明有餘，厚道不足」的「精明人」，乃至於被金錢、權力、虛榮等等所奴役的人，皆屬於佛教所說的「癡」的範疇。

依照這個標準來看，眾生念念在貪嗔癡的困縛之中，所以佛教要我們解脫貪嗔癡。解脫貪嗔癡，是否就是要求人們遠離人類社會、不食人間煙火呢？

答曰：也不是的。所謂不貪，就是心上不著相，以清淨不染之心，展開生動活潑的現實生活。這種「應緣而無住」的積極人生，才是佛教所說的不貪。所以說，不貪，並不是遠離世事人情，不食人間煙火。如果一個人做到了無「貪」，做到了清淨，哪裡還會有什麼「嗔」呢？哪裡還會有什麼「癡」呢？正是因為眾生心中充滿了貪嗔癡，所以，佛教才會建立戒定慧。人們有貪、嗔、癡三種疾病，所以，佛教就運用戒、定、慧三種法藥。

所謂戒，就是人生規範，它不僅規範我們的行為，更主要地是規範我們的起心動念。佛教有「五戒」「八戒」「十戒」「具足戒」。這些「戒」，歸根到底都是對我們心行的規範，為「明心見性」創造一個內心環境。

所謂定，就是內心不亂，不隨幻相而轉。為了造就一個安定的內在環境，佛教有專門的禪定之實踐。藉助於佛教的禪定實踐，可以達到「四禪八定」，乃至於達到超越於四禪八定的「般若智慧之定」。達到了「般若智慧之定」的人，不但解脫了「凡情執」，也解脫了「聖情執」。也就是說，達到了「般若智慧之定」的人，不但運用佛法之藥，治癒了貪嗔癡之病，同時，也解脫了對佛法之藥的依賴。這才是真正的智慧解脫。所以，戒定慧三學，是我們實現人生超越，實現人生智慧的基本綱領。

佛教的實踐方法，是以慈悲智慧為宗旨，以淨化心靈為樞紐，以便使人們實現心靈的解脫，以便使社會變成人間淨土。在這個社會上，提倡慈悲為懷，淨化心靈，這不僅是人的價值實現的基本途徑，也是人的精神解放的必由之路。

國家圖書館出版品預行編目資料

品味佛家智慧 /蘇樹華 著
-- 一版. -- 臺北市：廣達文化, 2017.01
面 ; 公分. -- （文經書海：91）
ISBN 978-957-713-586-5(平裝)
1.佛教

220 105022003

生活的本身就是一種美，一種美學
而不斷的學習是為了提昇自己
告訴自己如何能活的更美好

品味佛家智慧

榮譽出版：文經閣

叢書別：文經書海 91

作者：蘇樹華 著
出版者：廣達文化事業有限公司
Quanta Association Cultural Enterprises Co. Ltd
發行所：臺北市信義區中坡南路 287 號 4 樓
電話：27283588　傳真：27264126　E-mail：*siraviko@seed.net.tw*

印　刷：卡樂印刷排版公司　裝　訂：秉成裝訂有限公司

代理行銷：創智文化有限公司
23674 新北市土城區忠承路 89 號 6 樓　電話：02-2268-3489　傳真：02-2269-6560

CVS 代理：美璟文化有限公司
電話：02-27239968　傳真：27239668

一版一刷：2016 年 12 月

定　價：300 元

本書如有倒裝、破損情形請於一週內退換

書山有路勤爲徑
學海無涯苦作舟

書山有路勤爲徑
學海無涯苦作舟